SENHOR, TEM PIEDADE DE MIM

Conheça
nosso site

☉ @editoraquadrante
♪ @editoraquadrante
▶ @quadranteeditora
f Quadrante

Título original
LORD, HAVE MERCY. The Healing Power of Confession

Copyright © 2010 Random House

Capa
Gabriela Haeitmann

Dados Internacionais de Catalogação na Publicação (CIP)

Hahn, Scott
Senhor, tem piedade de mim : o poder curativo da confissão / Scott Hahn; tradução de Emérico da Gama – 3ª ed. – São Paulo: Quadrante Editora, 2024.

ISBN: 978-85-7465-645-8

1. Confissão 2. Penitência (Sacramento) 3. Perdão dos pecados I. Título

CDD–234.166

Índices para catálogo sistemático:
1. Penitência : Sacramentos : Doutrina cristã 234.166

Todos os direitos reservados a
QUADRANTE EDITORA
Rua Bernardo da Veiga, 47 - Tel.: 3873-2270
CEP 01252-020 - São Paulo - SP
www.quadrante.com.br / atendimento@quadrante.com.br

Scott Hahn

SENHOR, TEM PIEDADE DE MIM

O poder de cura do perdão

A Gabriel Kirk Hahn:
Tudo é para bem (Rm 8. 28)

3ª edição

Tradução
Emérico da Gama

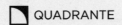

Sumário

I
Endireitar as ideias — 7

II
As raízes mais profundas da penitência: os atos de contrição — 17

III
Uma nova ordem no tribunal: o florescimento pleno do sacramento — 31

IV
Autênticas confissões: seladas com um sacramento — 45

V
O que vai mal no mundo? Uma síntese — 61

VI
A Confissão sacramental: Por que pecar parece tão atraente? — 81

VII
Temas para a reflexão: a Confissão como aliança — 95

VIII
Absolvendo o herdeiro: os segredos do filho pródigo — 107

IX
Exilados na rua principal: não é um verdadeiro isolamento do lar — 121

X
A dor e os frutos: os segredos da penitência vencedora — 135

XI
Pensando fora do confessionário: costumes
penitentes altamente eficazes — 147

XII
A entrada da casa: a confissão como um combate — 157

XIII
A porta aberta — 167

Apêndices — 175

I
Endireitar as ideias

A confissão sacramental é um assunto complicado para muitos católicos. Quanto mais precisamos dela, menos parecemos desejá-la. Quanto mais optamos por pecar, menos desejamos falar dos nossos pecados. Esta relutância em falar das nossas falhas morais é natural. Se você foi o goleiro do time que perdeu a final do campeonato mundial, não vai à procura dos comentaristas esportivos quando regressa ao vestiário. Se administrou mal os negócios familiares e provocou a ruína da maioria dos seus parentes, é provável que não dê a conhecer essa informação num coquetel.

Mas o pecado é a única coisa que *devia* mesmo envergonhar-nos. Porque o pecado é uma transgressão contra Deus todo-poderoso, um assunto muito mais sério do que um fracasso econômico ou um gol no meio das pernas. Quando pecamos, rejeitamos o amor de Deus, pelo menos até certo ponto, e nada fica oculto aos seus olhos.

Vencer o temor

É, pois, bastante *natural* que estremeçamos ante a ideia de nos ajoelharmos diante de um representante de Deus na terra, o seu sacerdote, e falarmos em voz alta dos nossos pecados com clareza, sem os disfarçarmos nem nos desculparmos. Acusar-se a si mesmo nunca foi o passatempo favorito da humanidade, mas é essencial em toda a confissão.

O temor da confissão é bastante natural, sem dúvida; mas nada que seja apenas *natural* pode conquistar-nos o céu ou mesmo alcançar-nos a felicidade aqui na terra. O céu é *sobrenatural*, está acima da natureza, e toda a felicidade *natural* é efêmera. O nosso instinto natural diz-nos que evitemos a dor e abracemos o prazer, mas a sabedoria de todos os tempos diz-nos coisas como esta: "Sem dor, não há fruto".

Por muito que soframos falando dos nossos pecados em voz alta, essa dor é muito menor do que aquela que nos causaria a recusa interna ou externa em reconhecê-los, agindo como se não existissem ou não tivessem importância. *Se dizemos que não temos pecado, enganamo-nos a nós mesmos*, diz o Novo Testamento (1 Jo 1, 8).

Este autoengano já é ruim em si mesmo, mas, além disso, significa apenas o começo dos nossos problemas. Porque, quando começamos a negar os nossos pecados, começamos também a viver na mentira. Rompemos conexões essenciais entre causa e efeito nas nossas palavras e nos nossos pensamentos, pois negamos a nossa responsabilidade até pelas faltas mais graves que tenhamos cometido. E uma vez que enveredamos por esse caminho, ainda que seja numa matéria insignificante, começamos a desgastar os limites da realidade. Já não conseguimos ter ideias claras, e isso não pode senão afetar a nossa vida, a nossa saúde, as nossas relações e, mais direta e mais profundamente, as nossas relações com Deus.

É uma afirmação grave a que faço, e há quem possa pensar que é exagerada. Rezo para que as páginas que se seguem consigam transmiti-la com clareza; é uma lição que comecei a aprender, da pior maneira, muito antes de crer em Deus ou de ver um confessionário.

O ladrão de Pittsburgh

Tenho uma confissão a fazer. No começo da adolescência, andava com o tipo de turma ou gangue que é o pesadelo dos pais. "Aprontamos" algumas coisas de pouca importância antes de passarmos a pequenos delitos. Durante algum tempo, a nossa maneira de divertir-nos nas tardes de sábado consistia em praticar pequenos furtos no centro da cidade. Um dia, apanharam-me roubando uns álbuns de discos de vinil. Não vou cansá-los agora com os pormenores. Apenas direi que era mais hábil como mentiroso do que como ladrão.

As duas seguranças, ambas mulheres de meia-idade, arrastaram-me para a sala de interrogatórios da loja de departamentos. O meu aspecto devia inspirar piedade. Era o aluno mais baixo da minha classe da oitava série; tinha treze anos, mas aparentava uns dez. Uma das seguranças olhou-me e disse:

— Você parece jovem demais para andar roubando coisas... Foi você que teve a ideia de roubar esses álbuns?

Ela não o sabia, mas as suas palavras deram-me um álibi. Apoiando-me na sua dúvida, inventei a história de que um grupo de rapazes da cidade — conhecidos delinquentes e consumidores de drogas — tinham ameaçado bater em mim e num amigo se não roubássemos esses álbuns para eles.

O rosto da interrogadora corou de indignação maternal:

— Como puderam fazer uma coisa dessas? Por que você não contou à sua mãe?

— Tive medo, respondi em voz baixa.

Logo chegou um policial e rapidamente me arranjei — com a ajuda das duas seguranças! — para convencê-lo de que os verdadeiros culpados eram outros. O policial, por sua vez, ajudou-me a tornar a minha história convincente para minha mãe quando foi buscar-me à delegacia.

Livre e ileso

Em pouco tempo estava livre e em casa. A minha mãe mostrou-se compreensiva e eu, depois de murmurar que estava cansado, fui para o meu quarto e fechei a porta.

Imediatamente ouvi vozes abafadas no andar de baixo. Não distingui as palavras, mas sabia que a voz suave era a da minha mãe e a que aumentava gradualmente de tom e volume era a do meu pai. Aquilo não augurava nada de bom.

Logo depois, chegou-me o ruído de uns passos fortes subindo as escadas e em direção ao meu quarto. Mais que ouvir, senti que batiam à minha porta.

Era papai, é claro, e eu disse-lhe que entrasse.

Cravou os olhos em mim e eu imediatamente fixei os meus num ponto distante do tapete.

— A sua mãe contou-me o que aconteceu hoje.

Assenti.

Ele continuava a olhar-me.

— Você foi *obrigado* a roubar aqueles álbuns de discos?

— Sim.

Olhou-me atentamente e repetiu-me:

— Você foi *obrigado* a roubar os discos?

Assenti de novo. Vi os seus olhos dirigirem-se para a enorme pilha de discos ao lado do meu estéreo.

Olhou-me de novo:
— E onde devia deixar os discos depois de roubá-los?
— No toco de uma árvore, no bosque próximo.
— Pode mostrar-me esse toco de árvore?
Respondi que sim.
— Muito bem. Vista o agasalho, Scott. Vamos dar um passeio.

Uma volta no bosque

O bosque estava a uns trezentos metros de casa, e o centro de compras aproximadamente a meio quilômetro de caminhada através dele. A folhagem era espessa e eu estava certo de que veria montes de tocos de árvore. Tudo o que tinha de fazer era escolher um deles.

Mas, como é óbvio, enquanto caminhávamos, pude ver uma grande quantidade de árvores, uma grande quantidade de folhas, uma grande quantidade de ramos, mesmo alguns galhos caídos..., mas nenhum toco. O meu pai seguia-me, de modo que não podia ver os meus olhos perscrutando à direita e à esquerda com crescente desespero. Senti um certo pânico quando o bosque clareou, as árvores acabaram e eu não tinha visto um só toco.

À borda do bosque, com a loja bem diante de nós, eu disse:
— Ali. Era ali que os rapazes estavam cheirando cola.
— Muito bem — disse meu pai —, mas onde está o toco?
— É aquele montão de terra ali.
Voltou-se para olhar-me:
— Você disse um toco.

Eu, sofrendo:

— Bem, toco, montão...

— "Toco, montículo", repetiu, detendo-se dolorosamente entre as duas palavras.

Eu esperava vê-lo explodir, voltar-se para mim encolerizado e chamar-me mentiroso, mas limitou-se a dizer:

— Vamos para casa.

Durante a eternidade que nos levou percorrer o caminho de volta, meu pai não abriu a boca. Eu já não temia a explosão, quase a desejava. O seu silêncio ia-me matando.

Chegamos a casa. Fechou a porta. Tirou o paletó, as botas, e subiu ao andar de cima.

Num instante, eu também subi ao meu quarto e fechei a porta. Podia-se pensar que comemorava uma vitória: tinha conseguido manter a minha tortuosa história com a suficiente seriedade para enganar as duas seguranças da loja, o policial e a minha mãe! Mas não estava comemorando nada; estava começando a experimentar uma coisa completamente nova. Naquele momento, comecei a compreender o que significa ter um coração humano. Senti uma esmagadora sensação de vergonha porque o meu pai não tinha acreditado na minha história, porque ele sabia que o filho a quem amava tinha roubado e mentido.

O que se passou comigo foi simplesmente o despertar da consciência. Foi a descoberta de uma relação. Até esse momento, tinha visto o meu pai como juiz, júri e carrasco. Cada vez que fazia algo de errado, temia ser descoberto, julgado e castigado. Mas naquele dia descobri que havia coisa pior do que provocar a cólera de um pai: era despedaçar o coração de um pai.

Pôr as coisas a claro

Meu pai não era o que se costuma dizer um crente devoto: nem sequer tinha certeza de que acreditava em Deus. Não obstante, descobri gradualmente ao longo dos anos que, naquele momento solitário dos meus treze anos, meu pai representou para mim a paternidade de Deus e começou a pôr as coisas em ordem na minha vida. Já não me sentia feliz com as minhas mentiras e os meus furtos "bem-sucedidos". A minha culpa ficava em evidência; sentia-me envergonhado de mim mesmo e mais só do que nunca.

Gostaria de poder dizer que foi aquele o momento da minha conversão a Cristo: um milagre repentino e deslumbrante, como o encontro de São Paulo com Jesus no caminho de Damasco, mas não foi assim. Foi, porém, um despertar, um começo.

Pode ser que a maioria dos jovens não passe por uma fase de delinquência juvenil como a minha. Certamente não sou um caso à parte quando se trata de fabricar álibis: todos já fizemos isso alguma vez, em todas as gerações desde Adão e Eva. Fazemo-lo nas nossas conversas diárias e nos nossos pensamentos mais íntimos. Quando falamos dos nossos problemas — no trabalho ou em casa —, será que incluímos os pormenores que poderiam deixar uma mancha na nossa responsabilidade no assunto? Ou, pelo contrário, nos descrevemos como um herói ou uma vítima indefesa do drama que se armou no escritório ou em casa?

Se você e eu analisarmos seriamente o modo como falamos dos acontecimentos da vida quotidiana, provavelmente encontraremos exemplos de situações em que exageramos a nossa condição de vítimas e ampliamos as faltas dos outros, enquanto ignoramos as nossas. Encontramos desculpas e circunstâncias atenuantes para os nossos erros, mas mostramo-nos implacáveis ao relatar os dos nossos vizinhos ou colegas. E, com frequência, os amigos e familiares acreditarão na nossa versão de um incidente; talvez nós mesmos comecemos a acreditar nela.

Tudo isto, dirão alguns, é "natural", como a aversão à confissão. Mas não é verdade. Não é natural de modo nenhum. Falsificar os fatos significa realmente destruir a natureza. É destruir as coisas como são, juntamente com a delicada teia de causas e efeitos, e substituí-las pelas coisas como desejaríamos que fossem, por castelos no ar.

Esquecido, não perdoado

Um dos meus filósofos prediletos, Josef Pieper, escreveu que a "falsificação da memória" é um dos nossos piores inimigos, porque ataca "as raízes mais profundas" da nossa vida espiritual e moral: "Não existe um modo mais insidioso de permitir que o erro se instale em nós do que a falsificação da memória por meio de leves retoques, substituições, atenuações, omissões ou mudanças de ênfase"[1].

Uma vez que entramos por essa via — e isso acontece com todos nós —, começamos a perder o fio autêntico da narrativa interior que fazemos da nossa vida. As coisas deixam de fazer sentido para nós. As relações esfriam. Perdemos o sentido da vida e de quem somos.

---

1 Josef Pieper, *The Four Cardinal Virtues*, Notre Dame, University of Notre Dame Press, 1966, p. 15.

Vou dizê-lo novamente: isso acontece com todos nós, embora nunca devamos aceitá-lo como *natural*. É provável, portanto, que estejamos familiarizados com esses sintomas de mal-estar. Como então superar esse desassossego, se é pandêmico e tão sutil que foge aos diagnósticos? O próprio Pieper acha a tarefa esmagadora: "O perigo — diz — é muito maior por ser imperceptível. [...] Também não se conseguem apurar essas falsificações simplesmente examinando a consciência. A honestidade da memória só pode ser assegurada por uma retidão do ser humano como um todo".

A retidão total é, certamente, uma tarefa que ultrapassa as nossas forças. No entanto, está ao nosso alcance atingi-la, como vemos na vida dos santos. Mais ainda, isso é o que Deus pede a todos e cada um de nós: *Sede perfeitos* — disse Jesus — *como o vosso Pai celestial é perfeito* (Mt 5, 48). Se Deus nos mandou isso, certamente nos dará as forças necessárias para levá-lo a cabo. Sobretudo, revela-nos nesse breve preceito qual é a fonte das nossas forças — a paternidade de Deus: *Sede perfeitos como o vosso Pai*.

Se eu tivesse passado a minha adolescência sob o olhar do meu pai da terra, nunca teria roubado e, com certeza, nunca lhe teria mentido. Ora, Deus é nosso Pai e nós vivemos em cada instante sob o seu olhar; e, apesar disso, pecamos. Agimos como as crianças pequenas, que pensam que a mãe não as vê se elas não veem a mãe; assim, ficam de costas para ela e estendem a mão para as bolachas proibidas.

O raciocínio correto, como é evidente, é exatamente o inverso: nosso Pai deseja que sejamos santos. Se os nossos pais terrenos quisessem que fizéssemos determinada tarefa, certamente cuidariam de que tivéssemos ao nosso alcance todas as coisas de que precisamos para levá-la a cabo. O nosso Pai celestial, que é dono de tudo e é todo-poderoso, certamente agirá da mesma forma.

O essencial é reconhecermos que estamos sempre na sua presença, de modo a percebermos que, em certo sentido, nos encontramos sempre submetidos a juízo. No entanto, esse juízo não é como o de um magistrado no tribunal: Deus julga-nos como julga um pai, com amor. Isto, porém, é uma espada de dois gumes, porque os pais exigem mais dos seus filhos do que um juiz exige do acusado; mas também mostram muito maior clemência.

Estrada para a perdição

Ansiamos por encontrar a paz nos braços do nosso Pai, mas alguma coisa obscura no nosso interior nos diz que é mais fácil ficarmos de costas. Desejamos viver no meio da verdade, sem segredos que esconder nem mentiras que proteger, mas alguma coisa no nosso interior nos diz que é melhor não falarmos dos nossos pecados.

Há um caminho que parece reto aos homens, diz o sábio rei na Bíblia, *mas no fim é caminho para a morte* (Pr 14, 12). Como reconhecer esse caminho sem saída quando o vemos? Podemos ter a certeza de que é todo o caminho — por mais reto que nos pareça — que nos afaste da penitência, de confessar os nossos pecados a Deus do modo que Ele deseja. Infelizmente, os nossos antepassados percorreram um caminho desses quase desde o princípio da sua viagem pela terra.

II
As raízes mais profundas da penitência: os atos de contrição

Há muita gente que pensa que a confissão foi inventada pela Igreja Católica. Em certo sentido, é verdade, pois a confissão é um sacramento da Nova Aliança, e portanto não pôde ser instituído senão depois que Jesus selou essa aliança com o seu sangue (Mt 26, 27). Não obstante, já na tradição de Israel, à qual Jesus era fiel, a promulgação da Aliança continha disposições para o perdão dos pecados[1].

A confissão era, pois, uma novidade, mas apenas no sentido em que uma flor é uma novidade. Estava

---

1 Cf. J. Klawans, *Impurity and Sin in Ancient Judaism*, Oxford University Press, Nova York, 2000; E. Mazza, *The Origins of the Eucharistic Prayer*, Collegeville, Minn., Liturgical Press, 1995, p. 7; S. Lyonnet e L. Sabourin, *Sin, Redemption, and Sacrifice: A Biblical and Patristic Study*, Edizioni del Istituto Biblico, Roma, 1970; S. Porubcan, *Sin in the Old Testament: A Soteriological Study*, Herder, Roma, 1963; B. F. Minchin, *Covenant and Sacrifice*, Longmans, Green and Co., Nova York, 1958.

O Papa João Paulo II sublinhava a necessidade de recuperarmos o verdadeiro sentido do pecado inspirando-nos na Escritura: "Há boas razões para esperar que floresça de novo um salutar sentido do pecado [...]. Será iluminado pela teologia bíblica da Aliança". Quanto à natureza e ao método próprios da teologia bíblica, veja-se A. Bea, "Progress in the Interpretation of Sacred Scripture", *Theology Digest* 1. 2 (primavera de 1953), p. 71: "A teologia bíblica surgiu estreitamente ligada à exegese. Não é uma ciência cuja principal preocupação consista em encontrar argumentos escriturísticos para as verdades dogmáticas, mas antes em apresentar de maneira una e sistemática a origem e o desenvolvimento da Doutrina Revelada nos seus sucessivos estágios. Assim, ela tira as verdades individuais do seu isolamento e as insere num sistema homogêneo, que não é artificial, mas antes foi querido pelo próprio Deus. Talvez seja este o maior progresso obtido pela exegese no decorrer dos séculos".

presente desde o princípio dos tempos — como uma flor está presente na semente, nos ramos e nos botões — e aparece em numerosas páginas do Antigo Testamento. A confissão, a penitência e a reconciliação existem desde que surgiu o pecado no mundo.

Abra a sua Bíblia, comece desde o princípio, e não terá necessidade de ir muito longe para encontrar os primeiros presságios da confissão. Com efeito, aparece com o pecado original, o primeiro pecado do homem e da mulher.

A verdade nua

Adão e Eva pecaram. De momento, não é preciso entrar na natureza do pecado que cometeram (estudaremos este assunto mais a fundo num capítulo posterior); basta-nos saber que consistiu em terem desobedecido ao Senhor Deus. Ele era o seu Criador, o seu Pai, e eles violaram o único preceito que lhes tinha dado ao dizer a Adão: *Podes comer do fruto de todas as árvores do jardim; mas não comas do fruto da árvore da ciência do bem e do mal, porque, no dia em que dele comeres, morrerás indubitavelmente* (Gn 2, 16-17).

Tentados por uma serpente maligna, tomaram do fruto e comeram-no. De repente, envergonharam-se da sua nudez; de repente, sentiram medo. *E eis que ouviram o ruído* [dos passos] *do Senhor, que passeava pelo jardim, à hora da brisa da tarde, e o homem e a mulher esconderam-se da face do Senhor Deus no meio das árvores do jardim* (Gn 3, 8). Comportaram-se do modo que víamos no capítulo anterior. Esconderam-se no meio do arvoredo, como se pudessem esconder-se de um Pai amoroso que tudo sabe e tudo vê.

Que fez Deus? Você e eu esperaríamos um troante "Eu vos vi!" dos céus. Mas não foi isso o que fez; pelo contrário, entra no jogo de mentiras e enganos de Adão e Eva. Chama Adão: *Onde estás?* (Gn 3, 9), como se precisasse informar-se do paradeiro de alguém.

Adão responde com uma evasiva: *Ouvi o ruído dos vossos passos no jardim, tive medo porque estou nu e escondi--me* (Gn 3, 10). É impressionante: com umas poucas palavras, manifesta temor, vergonha, uma atitude defensiva, autocompaixão — tudo menos contrição. Na realidade, parece culpar a Deus, cujo poder subitamente acha amedrontador.

Deus replica com outra pergunta: *Quem te revelou que estavas nu? Terás porventura comido do fruto da árvore que te tinha proibido de comer?* (Gn 3, 11).

Adão não hesita em culpar diretamente a mulher: *A mulher que me deste por companheira deu-me dele e eu comi* (Gn 3, 12).

Deus não pronuncia ainda a sua sentença, mas faz outra pergunta, desta vez expressamente à mulher: *Por que fizeste isso?* (Gn 3, 13).

Em quatro curtos versículos, o Senhor todo--poderoso formula quatro perguntas. Por quê? Se Ele sabe tudo, já conhece a resposta a cada uma dessas perguntas, e as conhece melhor do que esse casal que se iludiu a si mesmo e se deixou iludir pela serpente. Que quer deles?

O que parece claro é que Ele desejava que confessassem o pecado com autêntica dor. Começa com perguntas gerais que convidam suavemente a uma explicação. A seguir, torna-se mais concreto, até que, por fim, pergunta categoricamente à mulher por que fez aquilo. No entanto, não surge uma confissão. Em vez de responsabilizar-se pelo seu ato, Adão culpa primeiro a mulher e depois a Deus: "A mulher que *Tu* me deste por companheira deu-me desse fruto"[2].

Como disse no começo do capítulo anterior, quanto mais precisamos da confissão, menos parecemos desejá-la. Isto é tão verdade no caso de Adão e Eva como no dos seus descendentes da raça humana.

A incapacidade de Caim

Pensemos apenas no descendente imediato dos nossos primeiros pais: Caim, o filho primogênito.

Roído de inveja, Caim comete o primeiro assassinato do mundo. Logo que mata o seu irmão Abel, Deus diz-lhe: *Onde está o teu irmão Abel?* (Gn 4, 9).

Uma vez mais, Deus não procura nenhuma informação, não precisa que o informem de onde está Abel. O que faz é dar a Caim a oportunidade de confessar o seu pecado.

Mas Caim, em vez de aceitar o oferecimento, mente. Onde está o seu irmão? *Não sei. Porventura sou eu o guarda do meu irmão?*

Mais uma vez, Deus não acusa Caim, mas convida-o a confessar o que fez, até mesmo manifestando-lhe a evidência do seu crime: *Que fizeste? Eis que a voz do sangue do teu irmão clama por mim da terra* (Gn 4, 10).

Não obstante, até o final do episódio Caim continua impenitente e o seu pecado, inconfessado. Em vez de confessar que fez de Abel uma vítima, acusa

---

[2] Cf. G. A. Anderson, "Punishment or Penance for Adam and Eve?", em *The Genesis of Perfection: Adam and Eve in Jewish and Christian Imagination*, Louisville, Westminster - John Knox, 2001, pp. 135-154.

a Deus de fazer dele, Caim, uma vítima! Quando se queixa: *O meu castigo é grande demais para que eu o possa suportar* (Gn 4, 13), não diz apenas: "Ai de mim!", mas diz a Deus, seu juiz: "O injusto és Tu". Ao invés de reconhecer a sua injustiça, acusa a Deus de injustiça; a seguir, passa a censurá-lo por ter-lhe arrebatado a sua alegria e o seu meio de vida: *Eis que me expulsas deste lugar e eu devo ocultar-me longe da tua face* (Gn 4, 14). E chega ao ponto de acusar a Deus de entregá-lo a um mundo cheio de assassinos: *Andarei fugitivo e errante pela terra e o primeiro que me encontrar matar-me-á* (Gn 4, 14).

Arrepender-se ou ressentir-se?

Não é necessário nenhum psiquiatra para ver o que acontece aqui. Caim assume o papel de vítima de Abel e projeta a sua própria culpa em Deus: "Agora não posso trabalhar. Agora não posso relacionar-me contigo. Agora tenho que sofrer a injustiça". Além disso, acusa o resto da humanidade de tentar matá-lo, quando, até esse momento, ele é o único assassino da história. Como seus pais, revela uma série de emoções — temor, vergonha, autodefesa, autocompaixão —, mas não dará o braço a torcer. Nega-se a reconhecer o seu pecado.

Talvez o comportamento de Caim nos pareça familiar. Passados tantos séculos, os homens e as mulheres não estão mais inclinados a confessar as suas faltas do que ele. E o padrão de evasão é o mesmo: os que não se arrependem acabam por chegar ao ressentimento. Os que se negam a acusar-se acharão maneiras disparatadas de desculpar-se. Culparão as circunstâncias, as limitações, a hereditariedade, o ambiente. Em última análise, porém, ao fazerem isso, seguem os passos dos nossos primeiros pais. Culpam a Deus e fazem-no objeto do seu ressentimento, porque foi Ele que criou as nossas circunstâncias, a nossa hereditariedade, o ambiente em que vivemos.

Quanto mais optamos por pecar, menos queremos falar dos nossos pecados. Como Caim, Adão e Eva, falamos de qualquer coisa — de causas e consequências, da culpa e do castigo —, menos da confissão.

Deus faz da confissão um rito

Em sucessivas alianças — com Noé, Abraão, Moisés e Davi —, Deus foi revelando gradualmente mais coisas sobre si mesmo e sobre os seus caminhos a um número cada vez maior de pessoas. Se a confissão não fez sucesso entre as primeiras gerações humanas, Deus não se cansou de convidá-las a ela. Em diversos pontos concretos da Lei de Moisés, deu ao seu povo uns ritos muito específicos para que confessasse os seus pecados.

Hoje, há quem menospreze os rituais, considerando-os como meras ações mecânicas e sem sentido, mas isso simplesmente é falso. Nós, os seres humanos, dependemos da rotina; sem ela, não seríamos capazes de organizar os nossos dias nem a nossa vida. Desde lavar os dentes até trancar as portas da casa, desde dizer "amo-te" até pronunciar as promessas do casamento, as ações rotineiras, reguladas, prescritas — algumas grandes, outras pequenas —, tornam-nos capazes de realizar o trabalho realmente importante da nossa vida quotidiana.

Numerosos pontos da Lei se referem a essas rotinas e rituais, e muitos deles se relacionam concretamente com a confissão dos pecados. Vejamos, por exemplo, Levítico 5, 5-6, que trata dos diversos pecados que o povo comete quando jura em vão: *Aquele que for culpado de uma dessas coisas confessará aquilo em que faltou. Apresentará ao Senhor em expiação pelo pecado cometido uma fêmea do seu rebanho menor, uma ovelha ou cabra, em sacrifício pelo pecado, e o sacerdote fará por ele a expiação do seu pecado*[3].

Ao dar ao seu povo um claro plano de atos a praticar, Deus torna possível aos indivíduos confessarem os seus pecados. Em primeiro lugar, insiste explicitamente nessa confissão. Depois, dá ao pecador uma tarefa a realizar: um ato litúrgico de sacrifício e expiação. E, finalmente, ordena que tudo isso seja feito com a ajuda e a intercessão de um sacerdote. Todos estes elementos subsistirão intactos ao longo da história de Israel e do novo Israel, a Igreja de Jesus Cristo.

Não deveríamos subestimar o poder desses "atos" de arrependimento, de contrição. Com palavras de um santo moderno, o amor exige obras, não palavras doces[4]. Na década de 1970, tornou-se popular um slogan que dizia: "O amor significa não ter que dizer «Sinto muito»". Mas não é verdade. O amor significa não apenas dizer "Sinto muito", mas também demonstrá-lo. Assim

---

[3] Cf. H. Maccoby, *The Ritual Purity System and its Place in Judaism*, Cambridge University Press, Nova York, 1999, p. 192: "A finalidade do sacrifício propriamente dito pelo pecado é [...] expiar o pecado de quem o oferece. É por isso que a oferenda culmina na declaração [...] «e ele será perdoado»". Cf. também J. Milgrom, *Leviticus1-1-6*, Doubleday, Nova York, 1991; N. Kiuchi, *The Purification Offering in the Priestly Literature*, JSOT, Sheffield, 1981.

[4] Cf. São Josemaria Escrivá, *Caminho*, 13ª ed., Quadrante, São Paulo, 2022, n. 933.

é a natureza humana — ainda que a nossa natureza decaída ofereça uma grande resistência —, e o Deus que a criou sabe do que é que precisamos. Temos necessidade de *pedir* o "perdão" do outro; temos necessidade de *demonstrá-lo*; e temos necessidade de *fazer* alguma coisa nesse sentido.

A Lei de Deus reconhece estes aspectos centrais da psicologia humana e emprega-os vencendo, em primeiro lugar, a resistência do seu povo à confissão, e orientando-o depois para a confissão litúrgica e a satisfação legal: *O Senhor disse a Moisés: "Dize aos filhos de Israel: Se um homem ou uma mulher causar um prejuízo qualquer ao seu próximo, tornando-se assim culpado de uma infidelidade para com o Senhor, confessará o seu pecado e restituirá integralmente o objeto do seu delito, acrescentando um quinto àquele que foi lesado"* (Nm 5, 5-7)[5].

Tal como a fé, a dor dos pecados deve mostrar-se por meio de obras (cf. Mt 3, 8-10; Tg 2, 19. 22. 26). É o que podemos ver mesmo nas relações humanas. Quando ofendemos alguém, muitas vezes podemos demorar a reconhecer a nossa falta e começar por desculpar-nos e negar a nossa responsabilidade; mas, para salvar a nossa relação, acabaremos reconhecendo que temos de confessá-la — de pedir perdão explicitamente —, ainda que não queiramos fazê-lo. E não apenas isso: sentiremos necessidade de reconciliar-nos por meio de algum presente ou agrado com a pessoa a quem ofendemos. E é claro que, quando o ofendido é Deus, tudo isto se aplica em grau muito maior.

---

5   Trataremos de ambos os aspectos da confissão, o legal e o litúrgico, quando considerarmos o Sacramento da Penitência na Nova Aliança.

Uma confusão na hora das confissões

Na liturgia de Israel, Deus tornou possível a confissão promulgando-a na Lei. No entanto, não devemos subestimar a dificuldade dos atos de penitência da Antiga Aliança. Podiam tornar claras as vias para que o homem manifestasse o seu arrependimento, mas nem por isso era fácil percorrê-las. Só um exegeta de poltrona podia considerar a confissão, o sacrifício e a penitência de Israel como meros ritos; pelo contrário, eram práticas árduas e bastante custosas.

Imagine-se a si mesmo, depois de reconhecer que pecou, preparando-se para fazer a sua confissão e o seu sacrifício. Só podia fazê-los no Templo de Jerusalém, de modo que teria de preparar a sua viagem — talvez de vários dias a pé ou a cavalo —, através de caminhos poeirentos e pedregosos, infestados de bandidos e animais predadores.

Conforme o tipo de pecado e a sua gravidade, devia oferecer uma cabra, uma ovelha ou até um touro. Podia levar o animal você mesmo ou, se tinha dinheiro, comprá-lo aos comerciantes de Jerusalém. Naturalmente, tinha que dominá-lo, o que, no caso de um touro, devia ser uma tarefa bastante trabalhosa. E com isso a sua expiação apenas acabava de começar.

Uma vez em Jerusalém, conduziria o animal encosta acima até o pátio exterior do Templo. No pátio interior, explicaria o motivo do seu sacrifício. Depois, diante do altar, alguém lhe ofereceria uma faca, e você — você mesmo — teria de matar o animal. A seguir, teria de cortá-lo em pedaços, separar os diversos membros, tirar os órgãos, um a um, e entregá-los ao sacerdote para que os queimasse sobre o altar. Teria de limpar os resíduos da digestão dos intestinos e depois purificá-los. E por fim também teria que recitar salmos penitenciais enquanto o sacerdote tomava o sangue do animal e aspergia com ele o altar.

Tudo isto constituía um "ato de contrição" que o pecador nunca esqueceria. Gordon Wenham, estudioso do Antigo Testamento, descreve esses sacrifícios meticulosa e exaustivamente nos seus comentários sobre o Levítico e os Números. No fim, conclui: "Todo o leitor do Antigo Testamento que use a imaginação compreenderá imediatamente que aqueles antigos sacrifícios eram acontecimentos muito emocionantes. Em comparação, fazem com que os modernos serviços nas igrejas se afigurem insossos e aborrecidos. O fiel daqueles tempos não se limitava a escutar o sacerdote e entoar alguns hinos: envolvia-se ativamente no culto. Tinha escolhido do seu rebanho um animal sem mancha, tinha-o levado ao santuário, matado e esquartejado com as suas próprias mãos, e depois, com os seus próprios olhos, via-o subir em fumaça"[6].

---

6   Gordon J. Wenham, *The Book of Leviticus*, Eerdmans, Grand Rapids, Michigan, 1979, pp. 55-59. Cf. idem, *Numbers: An Introduction and Commentary*, Inter-Varsity Press, Downers Grove, Illinois, 1981, pp. 26-30: "A simples quantidade de texto que o Pentateuco dedica às leis rituais basta para fazer-nos entender a importância que os escritores bíblicos lhes atribuíam. [...] Se não entendermos o sistema de ritos de um povo, não entenderemos o que move a sua sociedade. [...] Os modernos têm uma antipatia profundamente arraigada contra os gestos simbólicos e rituais; embora essa tendência seja mais evidente entre os protestantes, também se manifesta dentro do catolicismo. [...] Poucos são os que aceitariam os custos envolvidos num sacrifício como os do Antigo Testamento, para não mencionarmos toda a confusão visual e olfativa que traziam consigo. Cantar hinos é fácil, mas [sacrificar] um touro inteiro é outra história. No entanto, isso é precisamente o que se esperava de quem ia oferecer um holocausto". Noutro lugar, o mesmo autor afirma: "O Levítico instrui o leigo a matar ele mesmo o animal que traz, mas em tempos posteriores esse direito foi reservado aos levitas, e mais tarde ainda aos sacerdotes" (p. 76).

Ver também A. I. Baumgarten (ed.), *Sacrifice and Religious Experience*, E. J. Brill, Leiden, 2002; R. T. Beckwith e M. J. Selman, *Sacrifice in tha Bible*, Baker Books, Grand Rapids, Michigan, 1995; S. Sykes, *Sacrifice and Redemption*,

Oferecer um sacrifício no Antigo Testamento era um ato profundamente pessoal, mas ao mesmo tempo público. Era humilhante e caro. Deviam-se oferecer animais do rebanho, o que numa cultura agrícola significa capital, poder econômico. Não tenhamos dúvidas: Deus exigia do seu povo dor pelos pecados e autênticos sacrifícios econômicos.

Com que frequência deviam os israelitas fazê-lo? O povo simples confessava os seus pecados ao menos uma vez por ano, durante a Páscoa; os sacerdotes faziam-no no Dia da Expiação[7].

Um monte de lamentações

Com o passar do tempo, o povo de Deus desenvolveu um rico vocabulário para a contrição, a confissão e a penitência, que consistia em palavras e hinos, mas

---

Cambridge University Press, Nova York, 1991; G. A. Anderson, *Sacrifice and Offerings in Ancient Israel*, Scholars Press, Atlanta, 1987; R. J. Daly, *The Origins of the Christian Doctrine of Sacrifice*, Fortress Press, Philadelphia, 1978; R. de Vaux, *Studies in Old Testament Sacrifice*, University of Wales Press, Cardiff, 1964; G. B. Gray, *Sacrifice in the Old Testament*, Clarendon Press, Oxford, 1925.

Sobre o modo como o antigo Israel encarava a culpa e a inocência, o sofrimento e a penitência, cf. G. Kwakkel, *According to my Righteousness: Upright Behaviour as Grounds for Deliverance*, E. J. Brill, Leiden, 2002; R. A. Weline, *Penitential Prayer in the Second Temple Judaism: The Development of a Religious Institution*, Scholars Press, Atlanta, 1998; F. Lindstrom, *Suffering and Sin: Interpretations of Illness in the Individual Complaint Psalms*, Almqvist & Wiksell, Estocolmo, 1994.

7 Cf. J. Bonsirven, *Palestinian Judaism in the Time of Jesus*, Holt, Rinehart and Winston, Nova York, 1964, p. 116: "A penitência incluía vários atos. Primeiro, devia haver uma confissão dos pecados antes de qualquer oferenda. Era também aconselhável confessar-se uma vez ao ano, no Dia da Expiação, junto com o Sumo Sacerdote, e mais alguma vez durante a vida (*Tos. Yom Hakkippurim*, v. 14). Para que fosse sincera, deveria incluir uma detalhada admissão de todas as faltas de que a pessoa fosse culpada, e a promessa de não voltar a pecar. Se não se cumprissem essas duas condições, a penitência era falsa e não podia obter o perdão divino (*Tos. Taan.*, 1, 8). Além disso, se se tivesse prejudicado alguém, era preciso reparar o dano e tentar reconciliar-se com ele".

incluía também atos e gestos. Outrora como hoje, a confissão não era um assunto apenas espiritual; era algo que o pecador manifestava, algo que trazia na sua carne: o sinal exterior de uma realidade interior. Era um sacramento da Antiga Aliança. Isto não significa que fosse um simples rito. Os pecadores manifestavam a sua dor e o seu amor, não com palavras doces, mas com ações trabalhosas e sangrentas; e essas ações contribuíam por sua vez para aprofundar na dor e na humildade.

Repito: essas confissões não eram meros exercícios mentais; materializavam-se de modo eloquente. Não eram simplesmente privadas; tinham lugar na presença da assembleia de Israel ou dos seus delegados, os sacerdotes.

> Depois de ter ouvido as palavras de Isaías, *Acab rasgou as vestes, cobriu-se com pano de saco e jejuou; dormia envolto no saco e caminhava a passos lentos* (1 Rs 21, 27).
> *Então Davi e os anciãos, cobertos de sacos, prostraram-se com o rosto por terra. E Davi disse a Deus: "Não fui eu que mandei fazer o recenseamento do povo? Fui eu que pequei, fui eu que fiz esse mal "* (1 Cr 21, 16-17).
> *Vestidos de sacos e com a cabeça coberta de pó, os israelitas reuniram-se para um jejum. Os que eram de origem israelita estavam separados de todos os estrangeiros, e apresentaram-se para confessar seus pecados e as iniquidades de seus pais* (Ne 9, 1-2).

Saco e cinzas, pranto, prostrar-se por terra..., essas eram as manifestações habituais de luto no mundo antigo. Os israelitas praticavam-nas com toda a espontaneidade, para exprimir a dor dos seus pecados. E a metáfora era perfeita, porque o pecado causa a morte:

uma autêntica perda da vida espiritual, que é muito mais mortal que qualquer morte física. Os pecadores tinham, pois, boas razões para lamentar-se.

Nós, os pecadores modernos, podemos aprender muito dos nossos antepassados, tal como o fizeram sem dúvida os primeiros cristãos[8].

---

8   Para uma recente e frutuosa aplicação da "teoria dos atos verbais" à confissão dos pecados e à absolvição (como "enunciados performáticos", isto é, palavras que realizam o que significam, isto é, "ligam e desligam"), cf. R. S. Briggs, *Words in Action: Speech Act Theory and Biblical Interpretation*, T&T Clark, Nova York, 2001, pp. 217-255.

III

Uma nova ordem no tribunal: o florescimento pleno do sacramento

Os atos de contrição de Israel eram profundos e pessoais. Sem dúvida alguma, eram memoráveis e deviam produzir um efeito duradouro na vida de muitas pessoas. Por conseguinte, quando vemos Jesus e os seus Apóstolos falarem de confissão e de perdão, devemos ter vividamente presente o que essas palavras significavam para eles, assim como os atos que essas palavras pressupunham.

Não poderemos de maneira nenhuma compreender o Novo Testamento se não considerarmos os sacramentos do Antigo Testamento. Jesus não veio substituir algo que era mau por algo bom; veio antes assumir algo que era grande e santo — algo que o próprio Deus já tinha começado — e levá-lo à sua plenitude divina.

Observemos, por exemplo, a Páscoa, o banquete que o antigo Israel celebrava na noite em que cada família do povo de Deus sacrificava um cordeiro para que o anjo da morte poupasse o primogênito (Ex 12). A Páscoa dos primogênitos é um dos acontecimentos fundamentais na história de Israel, mas empalidece quando comparada com a Páscoa de Cristo, o Cordeiro de Deus que veio salvar o mundo inteiro. A renovação da aliança de Israel com Deus tinha lugar anualmente na festa da Páscoa, mas a Páscoa de Cristo — o seu padecimento, morte e ressurreição — reapresenta-se diariamente na Missa.

A Antiga Aliança não morreu, esgotada e exausta, mas adquiriu vida nova com a Nova Aliança de Jesus Cristo. Na sua forma antiga, os sacrifícios da Antiga Aliança não eram suficientes e sempre apontavam para algo maior que eles. Deus tinha-os estabelecido para pressagiar a futura plenitude, e faziam-no, por um lado, para que se vislumbrasse a grandeza que se avizinhava, mas, por outro, para mostrar que eram insuficientes.

Apesar dos sacrifícios e dos antigos sacramentos da confissão, os homens caíam e voltavam a cair no pecado; e nenhuma oferenda era capaz de apagar as ofensas que cometiam contra um Deus infinitamente perfeito, um Pai plenamente amoroso. A Epístola aos Hebreus diz que o Sumo Sacerdote de Jerusalém *repete inúmeras vezes os mesmos sacrifícios, que no entanto não conseguem apagar os pecados* (Heb 10, 11).

Os antigos meios não eram suficientes. Se os sacramentos deviam tirar os pecados do mundo e os pecados pessoais, seria o próprio Deus quem teria de administrá-los. E foi isso o que Ele fez.

O paralítico de Deus

"Errar é humano; perdoar é divino". Milhares de anos antes de Alexander Pope ter escrito essas palavras, o provérbio era uma marca registrada da religião de Israel. O povo pecava, e mesmo *o justo cai sete vezes por dia* (Pr 24, 16), mas perdoar os pecados era da competência exclusiva de Deus. Os sacrifícios e as confissões do homem não obrigavam Deus a perdoar.

Errar era humano, mas perdoar era divino: um ato soberano de Deus.

Assim, quando Jesus declarou perdoar os pecados, colocava as pessoas diante de um dilema: ou Ele estava usurpando uma autoridade que pertencia a Deus, ou então era Deus encarnado. Em nenhum lugar o dilema aflora tão dramaticamente como no relato do encontro de Jesus com um paralítico, que aparece em três dos quatro evangelhos:

> Disse ao paralítico: "Filho, são-te perdoados os teus pecados". Ora, estavam ali sentados alguns escribas, que diziam uns aos outros: "Como pode este homem falar assim? Ele blasfema! Quem pode perdoar os pecados senão só Deus?" Mas Jesus, penetrando logo com o seu espírito no que eles pensavam no seu íntimo, disse-lhes: "Por que pensais assim nos vossos corações? O que é mais fácil, dizer ao paralítico: «Os teus pecados são-te perdoados», ou dizer: «Levanta-te, toma o teu leito e anda»? Pois bem, para que saibais que o Filho do homem tem na terra o poder de perdoar os pecados (disse ao paralítico): Eu te ordeno, levanta-te, toma o teu leito e vai para casa" (Mc 2, 5-11).

Os teus pecados são-te perdoados. Aqui Jesus atribui a si próprio um poder que nem o Sumo Sacerdote do Templo possuía. Ao declarar a remissão total dos pecados de alguém, exerce uma prerrogativa *divina*. Para Ele, curar a alma era uma ação divina muito maior que a de curar o corpo. E levava a cabo a segunda parte para sublinhar a primeira. O ato de curar era um sinal externo de uma realidade interior ainda maior.

O episódio tinha imensas consequências. Os que haviam presenciado a ação de Jesus tinham de tomar uma decisão: ou punham a sua fé na divindade do Senhor ou tinham que condená-lo por blasfemo. Os escribas acusavam-no de blasfemo no fundo dos seus corações. Nós, os cristãos, cremos que é Deus.

Um poder novo

É próprio do cristão, portanto, crer no poder de Cristo de perdoar os pecados. Mais ainda, devemos aceitar que Ele deseja exercer esse poder de um modo peculiar. No dia em que ressuscitou dos mortos, Jesus apareceu aos seus discípulos e disse-lhes: *A paz esteja convosco. Como o Pai me enviou, assim também eu vos envio.* Depois, fez uma coisa curiosa: compartilhou com eles — os primeiros sacerdotes da Nova Aliança — a sua própria vida e o seu próprio poder. *Depois disso, soprou sobre eles dizendo-lhes: "Recebei o Espírito Santo. Àqueles a quem perdoardes os pecados, ser-lhes-ão perdoados; àqueles a quem os retiverdes, ser-lhes-ão retidos"* (Jo 20, 22-23).

Nesse momento, nomeava-os sacerdotes para administrarem um sacramento, mas igualmente juízes para julgarem os atos dos crentes. Portanto, concedia-lhes um poder que ultrapassava o dos sacerdotes de Israel. Os rabinos referiam-se a esse antigo poder sacerdotal como o de "ligar e desligar", e Jesus emprega as mesmas palavras para descrever o poder que concedia aos seus discípulos[1]. Para os rabinos, ligar ou desligar significava julgar se alguém estava em comunhão com o povo eleito ou fora da vida e do culto

---

[1] O poder de ligar e desligar que Cristo conferiu aos doze Apóstolos (Mt 18, 18) é parte integrante do "poder das chaves do Reino dos Céus" que Cristo entregou a Pedro (cf. Mt 16, 17-19); ambos se referem ao perdão dos pecados. Cf. *Catecismo da Igreja Católica*, n. 553: "O poder de «ligar e desligar» compreende a autoridade para absolver os pecados"; cf. também os ns. 979, 981 e 1444.

do grupo: os sacerdotes tinham o poder de reconciliar e de excomungar.

No entanto, Jesus não se limitou a transferir a autoridade. Ao levar essa antiga função à sua plenitude, acrescentou-lhe uma nova dimensão. Daí em diante, as autoridades religiosas já não pronunciariam uma sentença meramente terrena; a Igreja passaria a compartilhar o poder de Deus encarnado, e o seu poder chegaria tão longe como o poder de Deus: *Em verdade vos digo: tudo o que ligardes sobre a terra será ligado no céu, e tudo o que desligardes sobre a terra será também desligado no céu* (Mt 18, 18).

Antes, porém, de os Apóstolos poderem exercer esse poder sobre as almas, era preciso que ouvissem as confissões em voz alta. Caso contrário, não saberiam o que podiam ligar ou desligar.

Bases comuns

Jesus era judeu, filho fiel de Israel, assim como os seus Apóstolos, que, como judeus, participavam de uma herança comum, de recordações comuns e de uma linguagem comum no âmbito da experiência religiosa. Quando Jesus falava da confissão e da penitência, tinha presentes essas recordações, essa linguagem e experiência, sabendo muito bem o que as suas palavras significariam para os judeus que o escutavam.

Quando os Apóstolos ouviam Jesus falar de perdão e de confissão, compreendiam-no graças ao que já conheciam: os sacramentos da Antiga Aliança. Uma vez mais, Jesus não vinha aboli-la, mas levá-la ao seu pleno cumprimento, revestindo-a de uma eficácia muito maior. De um modo misterioso, a Antiga Aliança concluía-se —

e incluía-se — na Nova. É com este dado em mente que devemos retroceder e reler o que os Apóstolos disseram a este propósito, tentando compreender os seus termos tal como eles os devem ter compreendido, e compartilhar o seu vocabulário e as suas recordações.

Se confessarmos os nossos pecados, Ele é fiel e justo para nos perdoar os pecados e para nos purificar de toda a iniquidade (1 Jo 1, 9), diz João. São Paulo vai mais longe e esclarece que a confissão é algo que se faz *com a boca*, não apenas com o coração e a mente (cf. Rm 10, 10).

Com quem então devemos confessar-nos? Com Deus, sem dúvida, mas do modo que Ele estabeleceu por meio de Jesus Cristo: com um sacerdote. São Tiago dedica ao tema da confissão o final do seu capítulo sobre os deveres sacramentais do clero. O termo que usa para os sacerdotes é o grego *presbíteros*, que significa literalmente "anciãos"[2], mas que é a raiz da palavra inglesa *priest*:

> Está doente algum de vós? Chame os presbíteros da Igreja para que orem por ele, ungindo-o ao mesmo tempo com óleo em nome do Senhor. E a oração feita com fé salvará o enfermo, e o Senhor o curará; e se cometeu pecados, ser-lhe-ão perdoados. Portanto, *confessai mutuamente os vossos pecados e orai uns pelos outros para serdes salvos* (Tg 5, 14-16).

Cada vez que você encontrar a palavra *portanto* na Escritura, deve perguntar-se para que aparece ali. Nesta

---

2   Cf. Concílio Vaticano II, Decr. *Presbyterorum Ordinis*. Sobre o papel sacerdotal dos "presbíteros" em Tg 5, 14-16, cf. M. Miguens, *Church Ministries in New Testament Times*, Christian Culture Press, Arlington, Virginia, 1976, pp. 78-79; cf. também A. Campbell, *The Elders: Seniority Within Earliest Christianity*, T&T Clark, Edimburgo, 1994, p. 234, e o documento "The Priestly Ministry", in *International Theological Commission: Texts and Documents 1969-1985*, Ignatius Press, San Francisco, 1989, pp. 45-63.

passagem, São Tiago vincula a prática da confissão frequente ao poder de cura do ministério sacerdotal. Porque os sacerdotes têm esse poder, chamamo-los para que unjam os nossos corpos quando estamos doentes; e, *portanto*, recorremos ainda mais avidamente a eles, em busca do poder de cura do sacramento do perdão, quando as nossas almas adoecem em consequência do pecado.

Observemos que São Tiago não exorta os cristãos a confessarem os seus pecados somente a Jesus, nem lhes diz que os confessem silenciosamente, nos seus corações. Podem fazê-lo, e será meritório, mas ainda não serão fiéis à palavra de Deus pregada por esse Apóstolo, não enquanto não confessarem os seus pecados "a outro" em voz alta, e concretamente a um presbítero. A figura do sacerdote está sempre presente.

Desde os dias de Adão, Deus tinha guiado pouco a pouco o seu povo para que chegasse a fazer as suas confissões de um modo seguro e eficaz. Agora, na plenitude dos tempos, na era da Igreja de Jesus Cristo, já podiam fazê-lo.

Primeiras confissões

Neste ponto, pode ser-nos útil corrigir um mal-entendido sobre as primeiras gerações da Igreja. Muitas pessoas cometem hoje o erro de julgar que o cristianismo significou um brusco abandono do pensamento e das práticas do antigo Israel, algo tão diferente que os contemporâneos de Jesus dificilmente podiam reconhecê-lo.

Mas a verdade é exatamente o contrário. Os primeiros cristãos continuavam a aderir firmemente a muitas práticas do antigo judaísmo, revestidas agora de um novo poder. Edificavam as suas próprias sinagogas e, até o ano 70 d. C., frequentavam o Templo de Jerusalém. Alguns observavam o tradicional descanso do sábado, além de celebrarem o Dia do Senhor no domingo. No seu culto, serviam-se de muitas das orações, bênçãos e formas litúrgicas do judaísmo. Nestes últimos anos, os especialistas manifestaram um renovado interesse pelas "raízes judaicas da liturgia cristã", e muitos eruditos de renome têm trabalhado para demonstrar que as refeições rituais e os sacrifícios de Israel se refletem na refeição ritual e no sacrifício que constitui o núcleo da vida cristã: a Missa[3].

Isto também vale para o que a Igreja chama hoje o Sacramento da Confissão, o Sacramento da Penitência, o Sacramento do Perdão ou o Sacramento da Reconciliação. O Israel renovado que é a Igreja Católica não abandonou a impactante prática dos seus antepassados. Assim, vemos os cristãos confessarem-se na primeira geração como em todas as gerações posteriores.

A ideia da confissão aparece duas vezes no documento judeu-cristão mais antigo depois da Bíblia: a *Didaquê* ou *Doutrina dos Apóstolos*, que é um compêndio de instruções morais, doutrinais e litúrgicas. Alguns eruditos modernos afirmam que partes do texto que a compõe foram redigidas na Palestina ou em Antioquia por volta do ano 48 d. C.[4] "Na igreja [assembleia], confessa os teus pecados — ordena por exemplo —, e não te aproximes da tua oração com má consciência" (4, 14).

---

[3] Cf. M. White, "The Social Origins of Christian Architecture; Architectural Adoption among Pagans, Jews and Christians", in *Harvard Theological Studies*, vol. 42, Trinity Press International, Valley Forge, Pennsylvania, 1996; G. F. Snyder, *Ante Pacem: Archeological Evidence of Church Life before Constantin*, Mercer University Press, Macon, Ga., 1985.

[4] E. Mazza, *The Origins of the Eucharistic Prayer*, pp. 41-42.

Esta passagem aparece no fim de uma extensa lista de preceitos morais e de instruções para a penitência. E um capítulo posterior fala da importância da confissão antes de se receber a Eucaristia: "Nos dias do Senhor reuni-vos, parti o pão e dai graças [*eucaristesate*, em grego], depois de terdes confessado os vossos pecados, a fim de que o vosso sacrifício seja puro" (14, 1).

Em fins do século I, provavelmente entre os anos 70 e 80 d. C., aparece a *Epístola de Barnabé*, na qual se repete literalmente o preceito da *Didaquê* : "Na igreja, confessa os teus pecados e não te aproximes da tua oração com má consciência" (19).

Tanto a *Didaquê* como *Barnabé* podem querer dizer que os cristãos confessavam os seus pecados publicamente, porque a expressão "na igreja" pode traduzir-se por "na assembleia". Sabemos que, em muitos lugares, a Igreja administrava a penitência desse modo. Essa prática foi abandonada séculos mais tarde por razões pastorais fáceis de adivinhar — evitar o constrangimento do penitente, poupar qualquer tipo de vergonha às eventuais vítimas, como também por uma questão de delicadeza. Assim a Igreja exerce a sua misericórdia de um modo ainda mais compassivo.

O testemunho seguinte aparece na virada do século I, por volta do ano 107 d. C.: Santo Inácio, bispo de Antioquia, desenvolve a ideia da penitência a serviço da comunhão, como escreve aos fiéis de Filadélfia, na Ásia Menor: "O Senhor garante o seu perdão a todos os que se arrependem, se, através da penitência, retornam à unidade de Deus e à comunhão com o bispo" (*Carta aos fiéis de Filadélfia* 8, 1). O selo do cristão que persevera, segundo Santo Inácio de Antioquia, é a fidelidade à confissão: "Porque os que são de Deus e de

Jesus Cristo, estão também com o bispo. E como muitos deverão voltar à unidade da Igreja por meio do exercício da penitência, também estes pertencerão a Deus para poderem viver segundo Jesus Cristo" (*ibid.*, 3, 2).

Para os Padres da Igreja, a alternativa para a confissão é clara. No ano 96 d. C, escrevia o papa Clemente de Roma: "É bom para um homem confessar as suas transgressões em vez de endurecer o seu coração" (*Carta aos Coríntios* 51, 3).

O desenvolvimento com o decorrer do tempo

Embora os cristãos pudessem dispor do sacramento da confissão desde o dia da Ressurreição de Cristo, praticaram-no de modos diversos. Também a doutrina da Igreja sobre a penitência se desenvolveu ao longo do tempo. Em resumo: o sacramento continuou a ser sempre o mesmo, embora alguns aspectos pudessem parecer diferentes de uma época para outra.

Por exemplo, nos primeiros séculos, em alguns lugares, o bispo ensinava que determinados pecados — como o assassinato, o adultério e a apostasia — deviam ser confessados, mas não podiam ser absolvidos nesta vida; os cristãos que cometiam esses pecados não tornariam a receber a comunhão, embora pudessem esperar a misericórdia de Deus na hora da morte. Em outros lugares, os bispos perdoavam esses mesmos pecados, mas só depois de o pecador ter cumprido duras penitências, que lhe exigiam anos de difícil esforço diário. Com o decorrer do tempo, a Igreja modificou essas práticas a fim de torná-las menos custosas e ajudar os cristãos a procurar forças na Eucaristia, para evitarem o pecado e não caírem no desespero.

Nem todos os cristãos estavam dispostos a admitir os pecadores de volta ao redil. Alguns argumentavam que a Igreja estava melhor sem semelhantes pessoas fracas e inadaptadas. A questão alcançou o seu ponto crítico no norte da África, quando São Cipriano era bispo de Cartago (248-258 d. C.). Era em plena época das perseguições. Alguns cristãos enfrentavam destemidamente a morte, ao passo que outros — dá pena dizê-lo — renunciavam a Cristo ante a ameaça das torturas ou da morte. Mais tarde, alguns dos que tinham "caído" na sua fé — os chamados *lapsi* — lamentavam esse passo e pediam à Igreja que os readmitisse no seu seio. Mas chocavam com a oposição de outros cristãos, alguns dos quais tinham sofrido torturas sem renunciarem a Cristo.

Cipriano insistia em que os pecadores arrependidos deviam ser admitidos à Eucaristia depois de cumprirem as penitências impostas pela Igreja. Pedia aos pecadores, grandes ou pequenos, que aproveitassem o sacramento da penitência, porque nesses tempos de perseguição não sabiam o dia nem a hora em que seriam chamados. (Não há dúvida de que, em qualquer época, nós também não sabemos o dia nem a hora em que teremos de enfrentar o nosso juízo definitivo). Dizia:

> "Suplico-vos, irmãos queridos, que cada um confesse o seu pecado enquanto ainda estiver neste mundo, enquanto puder fazer a sua confissão, enquanto a satisfação e a remissão imposta pelos sacerdotes for agradável ao Senhor. Voltemo-nos para o Senhor de todo o coração e, manifestando o nosso arrependimento pelos pecados com autêntica dor, supliquemos a misericórdia de Deus [...]. Ele mesmo nos diz como devemos pedir: *Voltai para mim* — diz-nos — *com todo o*

> *vosso coração, com jejum, lágrimas e luto; e rasgai os vossos corações, não as vossas vestes* (Jl 2, 12)[5].

Por que podia Cipriano fazer sua a exortação do profeta Joel aos "gentios" para que confessassem os seus pecados? Porque Joel, Cristo e Cipriano partilhavam do mesmo critério sobre a confissão, a conversão e a aliança. A partir de Cristo, a missão da Igreja foi proclamar o conhecimento do Evangelho como Boa Nova: *que em seu nome se pregasse a penitência para a remissão dos pecados a todas as nações, começando por Jerusalém* (Lc 24, 47).

Lendo os Padres da Igreja, vemos que, onde quer que as pessoas seguissem Cristo, confessavam os seus pecados aos sacerdotes da Igreja. Vemo-lo nos escritos de Santo Ireneu de Lyon, que exerceu o seu ministério na França entre os anos 177 e 200 d. C. Vemo-lo em Tertuliano, na África do Norte, por volta do ano 203 d. C.; e em Santo Hipólito de Roma, por volta do ano 215 d. C. Em torno de 250 d. C., Orígenes, o erudito egípcio, escreveu sobre "o perdão dos pecados através da penitência [...] quando o pecador [...] não se envergonha de dar a conhecer os seus pecados ao sacerdote do Senhor e procura a cura segundo o que diz o salmista: *Confessei-te o meu pecado e não ocultei a minha iniquidade. Eu disse: «Confessarei a Javé o meu pecado», e então tu perdoaste a culpa do meu pecado*" (Sl 32, 5; *Homilias sobre Levítico*, 2, 4, 5).

O melhor lugar da casa

Tudo aponta para isto: Deus deseja a nossa confissão porque é uma condição para recebermos a sua

---
5 São Cipriano, *De lapsis*, 29.

misericórdia. Esta é a sua mensagem constante desde os dias de Adão e de Caim e ao longo de todas as gerações da Igreja de Jesus Cristo.

Ele era misericordioso desde o princípio, mas essa misericórdia foi-se revelando gradualmente com o decorrer do tempo. Assim, no Antigo Testamento, ordenou aos israelitas que construíssem um "trono de misericórdia" ou *propiciatório* — o Trono do próprio Deus — e o colocassem no Santo dos Santos por cima da Arca da Aliança. Nesse lugar, o trono era inacessível a todos, exceto ao Sumo Sacerdote, que só podia aproximar-se dele uma vez por ano, no dia da Expiação, ocasião em que o aspergia com o sangue de um sacrifício oferecido pelos pecados do povo.

Se na Antiga Aliança o trono da misericórdia era inacessível e estava vazio, na Nova Aliança é finalmente ocupado por um Sumo Sacerdote, Jesus Cristo, que é capaz de compadecer-se dos fracos (cf. Heb 4, 15). Além disso, este Sumo Sacerdote não deseja que fiquemos longe, trêmulos e cheios de temor, mas que nos acheguemos: *Aproximemo-nos, pois, confiadamente do trono da graça, a fim de conseguirmos misericórdia e acharmos a graça de um auxílio oportuno* (Heb 4, 16).

Essa chamada só poderia fazer-se ouvir com a plenitude da Revelação divina, porque a misericórdia de Deus é o seu maior atributo. E por que é o maior? Não porque nos faça sentir melhores, ou por ser mais atraente que o seu poder, sabedoria e bondade. É o seu maior atributo porque é a soma e a essência do seu poder, da sua sabedoria e da sua bondade.

Podemos distinguir uns dos outros esses três atributos, mas a misericórdia é mais: é o poder, a sabedoria e a bondade de Deus manifestados em unidade. Deus ensinou a Moisés que a misericórdia estava unida ao seu Nome, nome que, para os israelitas, significava a identidade pessoal: *Eu farei passar diante de ti toda a minha bondade e pronunciarei diante de ti o meu Nome, Javé, pois dou a minha graça a quem quero e uso de misericórdia com quem me apraz* (Ex 33, 19).

A misericórdia foi-nos plenamente revelada em Jesus Cristo, mas é preciso que a entendamos corretamente. A misericórdia não é compaixão, nem um passe livre para "pecar descaradamente" por sabermos que no fim poderemos livrar-nos. Como veremos mais adiante, a misericórdia não elimina o castigo, mas, em contrapartida, garante que cada castigo servirá de remédio misericordioso. São Tomás de Aquino insiste em que a misericórdia e a justiça são inseparáveis: "A misericórdia e a justiça estão tão unidas que se temperam uma à outra: a justiça sem misericórdia é crueldade; a misericórdia sem justiça é desintegração"[6].

A *Enciclopédia Católica* expressa-o sucintamente: "A misericórdia não anula a justiça, antes a transcende e converte o pecador num justo, levando-o ao arrependimento e à abertura ao Espírito Santo"[7].

---

6 São Tomás de Aquino, *Catena Aurea, In Matheum*, 5, 5.

7 P. Stravinskas (ed.), *Catholic Encyclopedia*, Our Sunday Visitor, Huntington, Indiana, 1998, p. 666. Cf. a encíclica de João Paulo II *Dives in misericordia*, 30. 11. 1980, e S. Michalenko, "A Contribution to the Discussion on the Feast of Divine Mercy", em R. Stackpole (ed.), *Divine Mercy: The Heart of the Gospel*, John Paul II Institute of Divine Mercy, Stockbridge, Massachussets, 1999, p. 128: "De acordo com São Tomás, a misericórdia é a primeira causa de toda a criação, e São Bernardo declara que a misericórdia é a *causa causissima causarum omnium*". Sobre a incomparável grandeza da misericórdia como o maior atributo e o nome mais próprio de Deus, cf. Ex 33, 17-23, e Scott Hahn, *A Father Who Keeps His Promises: God's Covenant of Love in Scripture*, Servant Books, Ann Arbor, Michigan, 1998, pp. 159-160.

IV
Autênticas confissões: seladas com um sacramento

Como todos os ritos da Igreja, a confissão mudou de aspecto através dos séculos, adaptando-se às diversas necessidades, aos diferentes ambientes morais das diversas culturas. Mas, na sua essência, continua a ser a mesma. Permanece tal como Cristo desejou que fosse: a continuação ao longo do tempo do seu ministério de perdão e salvação.

O rito variou em muitos sentidos. Houve épocas e lugares em que, como vimos, os cristãos confessavam publicamente os seus pecados diante da assembleia dos fiéis. Atualmente, a confissão dá-se privadamente entre o penitente e um sacerdote. Na Igreja primitiva, havia bispos que proibiam os seus fiéis de se confessarem mais de uma vez na vida. Nos nossos dias, a Igreja recomenda a confissão ao menos mensal e exige-a ao menos uma vez por ano.

Outro elemento que variou foi a severidade das penas impostas pela Igreja. Nos primeiros tempos, os que confessavam pecados graves — como assassinatos, adultérios ou apostasias — só eram readmitidos à comunhão depois do tempo estabelecido na Ordem Penitencial. Esses pecadores deviam viver durante anos entregues a rigorosas penitências, a atos penitenciais e à prática da esmola antes de poderem receber de novo a Eucaristia[1].

---
1 Cf. J. A. Favazza, *The Order of Penitents, Historical Roots and Pastoral Future*, Collegeville, Minn., Liturgical Press, 1988.

Os monges dos desertos orientais tiveram o mérito de praticar a confissão privada e frequente. No Ocidente, essa prática encontrou uns zelosos promotores entre os monges irlandeses que viajavam como missionários pela Europa. Por volta do século VII, o sacramento revestiu-se, na sua maior parte, das características que conhecemos hoje.

No entanto, mesmo agora, a forma do sacramento pode variar. A Igreja permite maior flexibilidade neste rito que em qualquer outro. O lugar ordinário e "adequado para ouvir confissões sacramentais é uma igreja ou um oratório"[2], num confessionário com grade fixa ou rótulos. Há penitentes que preferem confessar-se por trás da rede do confessionário, sem que o sacerdote possa ver-lhes o rosto; outros preferem fazer a sua confissão cara a cara, como entre velhos amigos. Algumas vezes, os homens confessam-se num campo de batalha, no meio do fogo da artilharia. Outras, a cura espiritual chega a um leito de hospital durante uma longa doença terminal. Eu posso falar da variedade da minha experiência. Em momentos em que não me era possível ir a um confessionário, recebi o sacramento de formas muito diferentes: passeando pelas ruas da cidade, dirigindo um carro ou enquanto esperava no saguão de um aeroporto.

Por mais que as coisas tenham mudado, o sacramento continua a ser o mesmo. Neste capítulo, estudaremos primeiro o núcleo da doutrina da Igreja, e depois,

---

[2] Código de direito canônico, cânon 964, parágrafo 1, 3, Conselho Pontifício para a interpretação dos textos legislativos, *Responsa ad propositum dubium: de loco excipiendi sacramentales confessiones*, 7-7-1998, AAS 90 (1998), p. 711. Papa João Paulo II, Motu Proprio *Misericordia Dei*, 7-4-2002.

a doutrina em ação, tal como a Igreja celebra o sacramento nos nossos dias[3].

As sete maravilhas

Não obstante, antes de estudarmos o sacramento da confissão, devemos estudar os sacramentos em geral. O que é um sacramento? No capítulo II expusemos a definição clássica: sacramento é um sinal exterior de uma realidade interior. Podemos ir mais longe, com outra definição clássica: um sacramento da Nova Aliança é "um sinal externo instituído por Jesus Cristo para infundir a graça". A graça é a vida de Deus, que Ele compartilha conosco através dessas ações que Cristo confiou à sua Igreja.

---

3   Sobre o modo como se desenvolveu o sacramento da penitência, cf. B. Poschmann, *Penance and the Anointing of the Sick*, Nova York, Herder and Herder, 1968, pp. 5-219; P. Riga, *Sin and Penance: Insight into the Mistery of Salvation*, Milwaukee, Bruce Publishing, 1962, pp. 78-122; O. D. Watkins, *A History of Penance*, 2 vol., Nova York, Franklins, 1961; P. F. Palmer, *Sacraments and Forgiveness: History and Doctrinal Development of Penance, Extreme Unction and Indulgences*, Westminster, Md. Newman Press, 1959, pp. 1-270; J. A. Spitzig, *Sacramental Penance in the Twelfth and Thirteenth Centuries*, Washington, D. C., Catholic University of America Press, 1974.
   Sobre a influência formativa dos livros penitenciais medievais, cr. A. J. Minnis e P. Biller (eds.), *Handling Sin: Confession in the Middle Ages*, Rochester, New York Medieval Press, 1998; H. Connolly, *The Irish Penitentials: Their Significance for the Sacrament of Penance Today*, Dublin, Fourt Court Press, 1995; J. T. McNeill e H. M. Gamer, *Medieval Handbooks of Penance: A Translation of the Principal "Libri Penitentiales"*, Nova York, Columbia University Press, 1990.
   Para uma síntese da doutrina da Igreja Católica, desde São Tomás de Aquino, cf. J. M. T. Barton, *Penance and Absolution*, Nova York, Benziger Brothers, 1905.
   Sobre o sacramento a partir do Conc. Vaticano II, cf. a Exortação apostólica de João Paulo *Reconciliatio et Penitentia*, 2-12-1984; G. A. Kelly (ed.), *The Sacrament of Penance in Our Time*, Boston, St. Paul Editions, 1976; K. Osborne, *Reconciliation and Justification: The Sacrament and the Theology*, Nova York, Paulist Press. 1990; J. Dallen, *The Reconciling Community: The Rite of Penance*, Nova York, Pueblo, 1986; M. K. Hellwig, *Sign of Reconciliation and Conversion: The Sacramente of Penance for Our Time*, Wilmington, Del. Michael Glazer, 1984.

A Igreja distingue sete sacramentos: o Batismo, a Eucaristia, a Confirmação ou Crisma, a Confissão, a Unção dos Enfermos, o Matrimônio e a Ordem sacerdotal. Estes sete sacramentos são tradicionalmente classificados como sacramentos de iniciação (Batismo, Eucaristia e Confirmação), sacramentos de cura (Confissão e Unção dos Enfermos) e sacramentos de vocação (Matrimônio e Ordens sagradas).

Os sacramentos da Nova Aliança são sem dúvida "novos" com Jesus Cristo, mas não no sentido de que sejam uma novidade, porque em si a Nova Aliança não é nova nesse sentido. É antes uma renovação daquilo que os primeiros cristãos chamavam a "aliança eterna", a aliança que transcende o tempo. Poderíamos traduzi-lo mais acertadamente por "Aliança Renovada": a consumação renovada daquilo que Deus fez repetidas vezes na história.

Deus estabeleceu uma aliança. No mundo antigo, uma aliança era um meio legal e litúrgico pelo qual duas partes criavam um vínculo familiar. O matrimônio era uma aliança; a adoção de uma criança era uma aliança. Sempre que Deus fazia uma aliança com o homem — como fez com Adão, Noé, Abraão, Moisés e Davi —, renovava o vínculo familiar entre Ele e o seu povo. Geralmente, a aliança era usualmente ratificada por determinados sinais externos: um juramento, uma refeição comum e um sacrifício[4].

Com a chegada de Jesus Cristo, a obra divina no Antigo Testamento não se esfumou até se tornar irrelevante. A Antiga Aliança não está separada da Nova

---

4 Cf. G. P. Hungenberger, *Marriage as a Covenant: A Study of Biblical Law and Ethics Governing Marriage*, Leiden, E. J. Brill, 1994, especialmente a sua exaustiva análise do modo como se estabelece uma aliança e o juramento.

por um enorme abismo. A Nova estava prometida na Antiga, e a Antiga atinge o seu cumprimento na Nova. Assim, os sinais da Antiga Aliança — o juramento, a refeição, o sacrifício — encontram a sua perfeição nos sacramentos da Nova Aliança. *Eis que eu faço novas todas as coisas*, disse Jesus (Ap 21, 5). Renovou todas as coisas quando estabeleceu a sua aliança perfeitamente renovada.

Todos os sacramentos da Nova Aliança se ordenam para a Eucaristia, que é ao mesmo tempo um banquete familiar e um sacrifício. Todos os sacramentos invocam o nome de Deus, e assim todos têm o poder vinculante de um juramento. Além disso, na Nova Aliança, como na Antiga, "a liturgia da renovação da aliança" tem "um laço especial com a remissão dos pecados". No entanto, é na Nova Aliança que o seu poder se aperfeiçoa e o perdão se completa"[5].

(Por certo, a palavra latina para juramento é *sacramentum*. O uso desta palavra, cujo significado é simultaneamente o de "juramento" e o de "rito sagrado", remonta ao ano 110 d. C.)[6]

Condições tradicionais

Como é que a confissão sacramental o consegue? Houve ocasiões em que o rito mudou, mas o *Catecismo da Igreja Católica* (doravante citado apenas como

---

5 Mazza, *The Origins of the Eucharistic Prayer*, p. 7.
6 Cf. Plínio o Moço, *Epístola* 1. 96; K. Hein, *Eucharist and Excommunication: A Study in Early Christian Doctrine and Discipline*, Frankfurt, Peter Lang, pp. 194-204; M. G. Kline, *By Oath Consigned: a Reinterpretation of the Covenant Signs of Circuncision and Baptism*, Grand Rapids, Mich., Eerdmans, 1968, pp. 79-81. A importância do juramento na prática da aliança na Igreja dos primeiros tempos reflete um fenômeno similar na liturgia e na lei dos israelitas.

Catecismo) diz: "Mediante as mudanças por que passaram a disciplina e a celebração deste sacramento ao longo dos séculos, podemos discernir a sua própria *estrutura fundamental* " (n. 1448).

Compõem-na dois elementos igualmente essenciais: por um lado, os nossos atos, os atos do pecador arrependido, e, por outro, a ação de Deus por meio da Igreja. Em certo sentido, porém, os dois são obra de Deus, porque mesmo os nossos atos são os de um pecador "que se converte *sob a ação do Espírito Santo*" (*Catecismo*, n. 1448; o sublinhado é nosso). Nós, no entanto, temos de aceitar e lutar por cumprir a vontade de Deus. Quais são, então, os atos que constituem a nossa parte no sacramento?

A tradição nomeia três: a contrição, a confissão e a satisfação. Por outras palavras, o sacramento exige: 1) que nos arrependamos dos nossos pecados; 2) que afirmemos a nossa dor especificando-os claramente; 3) que completemos a nossa confissão cumprindo a penitência imposta pelo sacerdote confessor. Vejamos estes atos um por um.

1. *Devemos estar arrependidos dos nossos pecados*. A palavra técnica para o arrependimento é *contrição*. Sem esta dor, não podemos receber o sacramento, pois a essência do sacramento, da nossa parte, é o pedido de perdão a Deus, a quem ofendemos. A nossa contrição não precisa ser perfeita nem brotar de um motivo de amor puro. Pode dever-se, por exemplo, ao temor do castigo de Deus, e esse é um bom começo: a graça de Deus completará o nosso ato e suprirá o que falta à nossa dor.

De qualquer modo, temos de oferecer a Deus algum propósito de mudar de vida e de, no futuro, evitar os pecados, já confessados, do nosso passado. Temos até de estar dispostos a evitar os lugares e companhias que poderiam tentar-nos. A tradição chama a estas resoluções "firmes propósitos de emenda" e assim se formulam em muitas das orações que chamamos "atos de contrição": "Ajudado pela vossa divina graça, proponho-me firmemente nunca mais pecar e afastar-me de todas as ocasiões de Vos ofender".

Há pessoas que dizem: "Bem, já que os católicos relatam os seus pecados ao confessor, podem continuar a cometer pecados sempre que queiram". Ora o arrependimento não é um assunto exclusivamente católico, pois qualquer religião faz finca-pé nele. O arrependimento tem que ser autêntico, assim como o firme propósito de emenda[7]. O filósofo de Harvard, William James, disse certa vez: "Eu pecaria como Davi se somente pudesse arrepender-me como Davi" (cf. Sl 51). No entanto, enganamo-nos totalmente se pensamos assim. A verdade é que, a menos que o pecador esteja realmente arrependido — a menos que se aproxime do sacramento com contrição e confesse sincera, humilde e totalmente os seus pecados graves —, o sacramento não confere a absolvição de maneira nenhuma, e os pecados não são perdoados. Mais ainda: o pecador acrescentou aos seus pecados o do sacrilégio.

O próprio Jesus insistia na mudança de vida quando pronunciava a absolvição. Dirigindo-se à mulher surpreendida em adultério, disse-lhe que não a condenava,

---

[7] Para uma melhor compreensão do papel da contrição nos ensinamentos de São Tomás de Aquino, cf. H. J. M. Schoot (ed.), *Tibi soli peccavi, Thomas Aquinas on Guilt and Forgiveness*, Leuven, Peters, 1996; C. R. Mayer, *The Thomistic Concept of Justifying Contrition*, Mundelein, Ill, Seminary Press, 1949.

mas acrescentou: *Vai e não tornes a pecar* (Jo 8, 11). Hoje não pede menos através da Igreja.

2. *Devemos confessar os nossos pecados*. A Escritura distingue duas espécies de pecado: o mortal e o venial (cf. 1 Jo 5, 16-17). Como o próprio nome indica, o pecado mortal é o mais daninho de todos, porque arranca da alma a vida de Deus: mata-nos espiritualmente. Implica sempre "matéria grave", e mesmo os não crentes costumam reconhecer a gravidade dessas ofensas. Por exemplo, assassinar é um pecado mortal reconhecido universalmente como um crime, e o mesmo acontece com os grandes roubos, o perjúrio e o adultério. Mas a esses pecados há que acrescentar os que só se podem considerar graves sob o ponto de vista da fé, como, por exemplo, faltar à Missa aos domingos.

Cada vez que vamos ao sacramento da penitência, devemos confessar todos e cada um dos pecados mortais cometidos desde a nossa última confissão. Temos de especificar o número de vezes e o tipo de pecados mortais cometidos. Se ocultamos algum deles, a nossa confissão não é válida. Aliás, calar deliberadamente um pecado mortal na confissão é em si mesmo um pecado mortal. Como um sacramento tem o valor de um juramento diante de Deus, semelhante silêncio constitui uma espécie de perjúrio.

Não temos obrigação estrita de confessar os pecados veniais — o *Catecismo* chama-os "faltas cotidianas" —, mas a Igreja, os santos e os místicos sempre o recomendaram (cf. *Catecismo*, n. 1458).

É importante lembrarmo-nos de que, na confissão, não dizemos a Deus nada que Ele já não saiba. Sabe dos nossos pecados mais que nós mesmos. Conhecia o pecado de Adão quando o convidou a confessá-lo, como também o de Caim. Deseja que nos confessemos, não para seu bem, mas para o nosso, porque sabe que a confissão é um passo importante no nosso processo de cura rumo à santidade.

A confissão é necessária, mas há circunstâncias, muito limitadas, em que um sacerdote pode dispensar-nos dela e dar-nos a absolvição. Em momentos de extrema urgência, quando um grupo numeroso corre perigo imediato de morte — no fragor de uma batalha ou no caso de um avião que vai cair —, um sacerdote pode conceder uma "absolvição geral". Mesmo então, exige-se que os penitentes se arrependam dos seus pecados. E se o penitente sobrevive, deve fazer uma confissão sacramental ordinária o mais cedo possível (cf. *Catecismo*, n. 1483).

3. *Devemos cumprir a penitência ou expiação*. Depois de recebermos a absolvição por parte do sacerdote, temos de cumprir a penitência que nos indicou. Pode consistir numa oração, numa obra de misericórdia, numa esmola ou numa mortificação, como jejuar (cf. *Catecismo*, n. 1460). Geralmente, corresponde à gravidade e à natureza dos nossos pecados.

É importante que a cumpramos rapidamente, para não a esquecermos. Se a esquecemos, a absolvição continua a ser válida, mas teremos deixado passar uma maravilhosa oportunidade de crescer espiritualmente e talvez tenhamos cometido um pecado venial.

Como os nossos pecados são ofensas a Deus todo-poderoso, os nossos pequenos atos de expiação nunca poderão conseguir uma completa reparação, pois as ofensas são mais graves quando se cometem contra pessoas de maior dignidade. É como na sociedade civil: uma coisa é dar um soco no vizinho e outra muito diferente agredir o presidente da nação. No primeiro caso, podem mover-nos uma ação por perdas e danos ou denunciar-nos à polícia; no segundo, podemos ser condenados à prisão. Ninguém tem maior dignidade que Deus: a sua dignidade é infinita e por isso nunca poderemos compensar realmente as ofensas que lhe fazemos.

No entanto, Cristo pode compensar o que nos falta, e é o que faz com o sacramento. Esta é sem dúvida a razão deste sacramento. O ato de reconciliação não é principalmente nosso: é de Cristo, que o levou a cabo na cruz. Através dos sacramentos, chegamos, pela sua graça, a participar da sua obra e a beneficiar-nos dela.

Quer dizer, cumprimos a penitência para oferecer uma expiação e reparar os danos causados pelo pecado, mas também para restaurar e fortalecer os nossos laços de amor com Cristo e com o povo de Deus. Neste contexto, diz o *Catecismo*: "Essas penitências ajudam-nos a configurar-nos com Cristo, que, sozinho, expiou os nossos pecados (cf. Rm 3, 25; 1 Jo 2,1-2) uma vez por todas. Permitem-nos também tomar-nos coerdeiros de Cristo ressuscitado, "pois sofremos com Ele" (Rm 8, 17)" (n. 1460).

A outra face da trama

Tudo o que acabamos de ver implica que há alguém que recebe a nossa confissão. É evidentemente Jesus Cristo, pois só Deus pode perdoar os pecados. Mas Jesus delegou o seu poder de perdoar à Igreja, personificada pelos seus sacerdotes. Exalou o Espírito Santo sobre os seus primeiros sacerdotes, os Apóstolos, e disse-lhes: *Recebei o Espírito Santo. Àqueles a quem perdoardes os pecados, ser-lhes-ão perdoados.* O Evangelho emprega aqui o mesmo verbo grego com que descreve em outro lugar o poder exclusivo que tem Jesus de perdoar os pecados (Lc 7, 48; Mt 9, 2). Em certo sentido, nada mudou. O poder de perdoar pertencia unicamente a Deus, mas agora Deus autoriza outros a perdoar *em seu nome*, como um sinal seguro e sacramental.

Por meio dos sacerdotes, Cristo perdoa os pecadores e encontra o modo de que possam reconciliar-se com Deus. O sacerdote impõe a penitência, mas a Igreja também reza pelo pecador e faz penitência com ele. Além disso, o sacerdote pode dar ao penitente algum conselho sobre o modo de vencer o pecado e crescer em virtude.

Mas o mais importante que o sacerdote faz é pronunciar as palavras da absolvição. Depois de termos cumprido a nossa parte, essas palavras produzem em nós uma força impressionante, divina, porque a fórmula da absolvição não é nenhuma promessa que Deus faça de olhar para outro lado, de ignorar os nossos pecados ou deixar para trás o nosso passado. Tais noções são absurdas e verdadeiramente incompatíveis com um Deus onisciente e eterno.

As palavras da absolvição não são o mussitar de um sacerdote[8]; são as palavras que Deus pronuncia sobre nós com o seu poder — exatamente como as pronunciou, com o seu poder, sobre as águas na

---

8   Sobre o ato de absolver que o sacerdote realiza *in persona Christi*, cf. *Catecismo*, nn. 1548-1551.

aurora da criação, ou sobre o pão, ao afirmar que era o seu corpo. Esse é também o gênero de poder que Ele exerce no sacramento da confissão. Criar é produzir alguma coisa do nada. Com as palavras da absolvição, Deus renova-nos como se fôssemos uma nova criatura. Assim o exprime Davi quando diz: *Cria em mim, ó Deus!, um coração puro*. E Deus prometeu que escutaria a nossa prece: *Dar-vos-ei um coração novo* [...], *arrancar-vos-ei esse coração de pedra e dar-vos-ei um coração de carne* (Ez 36, 26).

Este poder revela-se mais claramente depois de um pecador ter confessado um pecado mortal. Porque esse pecador estava mais morto que Lázaro após quatro dias no sepulcro (Jo 11, 38-44). Os pecados mortais são mais desagradáveis e vergonhosos que o fedor do cadáver de um homem. Os efeitos persistentes de tais pecados atam as nossas mãos e pés como as ligaduras que envolviam o cadáver de Lázaro, e impedem-nos de fazer o bem, de sentir amor ou de alcançar a paz eterna.

Mas tudo muda com as palavras da absolvição. Sempre que os pecadores arrependidos ouvem essas palavras, deveriam experimentar uma impressão não menos forte que a dos homens mortos há muito tempo ao ouvirem Jesus dizer: *Lázaro, vem para fora!* O pecado é uma morte muito maior que o termo da vida do corpo. E por isso, por meio da absolvição, Cristo realiza um milagre muito maior do que junto do túmulo de Lázaro.

A Tradição chama a este milagre "a graça da ressurreição". Por quê? Porque, com palavras de um teólogo, "dá lugar à ressurreição de quem está espiritualmente morto para a vida da graça". Também é chamada a graça "da cura, porque por ela, com a colaboração voluntária do pecador, as feridas do pecado saram e cicatrizam".

A fórmula da absolvição exprime todos os elementos essenciais do sacramento da confissão:

> Deus, Pai de misericórdia,
> que, pela morte e ressurreição do seu Filho,
> reconciliou o mundo consigo e enviou o Espírito Santo
> para remissão dos pecados,
> te conceda, pelo ministério da Igreja,
> o perdão e a paz.
> E eu te absolvo dos teus pecados,
> em nome do Pai, e do Filho, e do Espírito Santo.

Quem precisa de um sacerdote?

Os não católicos costumam objetar que neste processo não é necessário o sacerdote, já que os cristãos podem confessar os seus pecados diretamente a Deus.

Podemos, sem dúvida, mas não estaremos seguros se não fizermos a nossa confissão como o próprio Deus determinou. Já citamos a passagem de São João em que Jesus concede aos seus sacerdotes o poder de perdoar os pecados e já citamos a exortação de São Tiago sobre a confissão, que vem no fim da sua exposição sobre os presbíteros e o sacramento. No Novo Testamento, as bases deste sacramento são sólidas e têm sido citadas, em apoio a esta prática, desde as primeiras gerações do cristianismo.

A soberania de Deus não está ameaçada quando compartilha o seu poder com outros: esse poder continua a ser dEle. Cristo é sempre o Sacerdote por trás do sacerdote. É o Sacerdote dentro do sacerdote e é o Sacerdote que atua por meio do sacerdote, de modo que nós não vamos ao sacerdote em vez de ir a Cristo. Não vamos ao confessionário em vez de ir ao Deus da misericórdia. Vamos ao Deus da misericórdia e é Ele quem diz que devemos ir ao confessionário. Cristo institui esse meio criado para curar as nossas almas. O pecado é como uma infecção, e nós temos necessidade de procurar um médico para que nos dê a receita adequada, a dose adequada; e seguimos o seu conselho porque confiamos na sua autoridade.

A Igreja primitiva via isto com toda a clareza. No século IV, São Basílio dizia: "A confissão dos pecados deve ser feita com aqueles que receberam a missão de administrar os sacramentos de Deus"[9]. E nesse mesmo século, Santo Ambrósio afirmava: "Cristo concedeu esse poder aos Apóstolos, e deles foi transmitido unicamente aos sacerdotes"[10]. E como é formidável esse poder! No século V, São João Crisóstomo escreveu: "Os sacerdotes receberam um poder que Deus não concedeu aos anjos nem aos arcanjos [...]: o de serem capazes de perdoar os nossos pecados"[11].

Só Deus possui o poder sobrenatural de fazer milagres, mas nomeia alguns ministros seus, como Moisés, para que façam coisas que nenhum humano pode fazer. Serve-se de meios criados porque assim é glorificado, levantando-nos como um bom pai levanta os seus filhos que caíram. Por conseguinte, quando vemos os sacerdotes fazerem coisas que só Deus pode fazer, isso não significa que o sacerdote esteja tirando mérito a

---

9   Regra 238.
10 *De poenitentiae*, II, ii, 12 (cf. I, ii, 6-7).
11 *Sobre o sacerdócio*, 3. 5-6.

Deus: é a prova de que Deus nos faz nascer de Si, tal como nos prometeu.

Mais ainda: procede exatamente como sempre — por meio de uma aliança, de um juramento, de um vínculo familiar, de uma bênção. E é por isso que muitos cristãos costumam começar as suas confissões com as palavras: "Abençoe-me, padre, porque pequei".

V
O que vai mal no mundo?
Uma síntese

"O que vai mal no mundo?" É uma pergunta que encabeça acertadamente profundos sermões ou grossos volumes. G. K. Chesterton respondeu a ela com duas curtas palavras: "Eu mesmo".

Aqui está a essência das nossas confissões. Confessar os nossos pecados significa aceitar a responsabilidade das nossas ações e as suas consequências, carregar a culpa diretamente sobre os nossos ombros, admitir que a decisão de pecar foi somente nossa, e fazer tudo isso — o melhor possível — sem desculpas, justificativas ou eufemismos.

Não é fácil. Apesar de por vezes admitirmos certa relação tangencial com culpas de menor importância, costumamos prosseguir rapidamente com um "mas"... para descrever logo as circunstâncias atenuantes: "Só fiz o mesmo que fulano". "Obedecia a ordens". "Como podia eu saber?" "Foi assim que me educaram". Ou também como o famoso comediante Flip Wilson, que jogava as culpas em outro: "Foi o demônio que me obrigou"...

O que vai mal no mundo? É fácil apontar os males da nação, da Igreja e do planeta, e fazer um diagnóstico sério: é a falência dos valores familiares, a destruição do ecossistema ou a última crise moral da Igreja. Mas é preciso que nos armemos de valor para nos pormos de pé na Missa e dizer sinceramente: "Pequei por pensamentos e palavras, atos e omissões, por minha culpa".

Sinceridade

Precisamos de uma valentia ainda maior para nos ajoelharmos diante do confessionário e nos acusarmos de cada pecado concretamente. Este tem sido sempre o inevitável corolário de uma estreita relação com Deus.

Todos desejamos experimentar a proximidade de Deus, a sua ajuda, o seu amor paternal. Tudo isso chega inevitavelmente com um crescente conhecimento da sua bondade, da sua pureza e da sua perfeita sabedoria. O profeta Isaías encontrou-se subitamente na presença de Deus, rodeado da sua glória e servido por anjos. Que fez? Fez a sua confissão: *Ai de mim! Estou perdido porque sou um homem de lábios impuros, que habita no meio de um povo de lábios impuros, e, no entanto, vi com os meus olhos o Rei, Senhor dos exércitos!* (Is 6, 5) O Apóstolo Pedro presenciou um milagre e imediatamente lançou-se aos pés de Jesus, suplicando: *Afasta-te de mim, Senhor, que sou um homem pecador!*

O pecado não está aí fora; está no mais profundo de você e de mim: *Porque é do coração que provêm os maus pensamentos, os homicídios, os adultérios, as fornicações, os furtos, os falsos testemunhos, as calúnias. Isso é o que mancha o homem* (Mt 15, 19-20)

O que vai mal no mundo? Sou *eu*, porque *eu* peco, e os meus pecados brotam do mal do meu próprio coração. Tudo se resume nessas poucas letras. No entanto, o pecado em si mesmo é uma questão complicada que requer muitas distinções da nossa parte.

Há muitas espécies de pecados. "Pode-se distinguir os pecados segundo o seu objeto (como todo o ato humano); ou segundo as virtudes a que se opõem, por excesso ou por defeito, ou segundo os mandamentos que eles contrariam. Pode-se também classificá-los conforme dizem respeito a Deus, ao próximo ou a si mesmo; pode-se dividi-los em pecados espirituais e carnais, ou ainda em pecados por pensamento, palavra, ação ou omissão." (*Catecismo*, n. 1853). Há quase demasiados modos de cortar em fatias esse pastel malcheiroso.

Neste capítulo, procuraremos elaborar um catálogo básico das espécies de pecado. É um trabalho desagradável, mas alguém tem de fazê-lo, e esse alguém somos você e eu.

Bons costumes

É impossível entender o pecado sem entender antes o que é a graça. Não podemos entender o que perdemos sem entender antes o que possuímos, e a graça é o que perdemos quando pecamos, é a maior perda que podemos sofrer.

Pelo Batismo, fomos feitos *participantes da vida divina* (2 Pe 1, 4). Fomos incorporados a Cristo, o Filho único de Deus, e assim compartilhamos a sua filiação; participamos da sua vida trinitária. O efeito fundamental do Batismo é, pois, a nossa adoção na família de Deus. Como um filho ou filha adotados, o cristão pode chamar "Pai" a Deus, em união com o seu Filho único.

Esta vida divina que recebemos chama-se graça santificante. A palavra *graça* procede da grega *charis*, que significa "dom". *Santificante* procede da expressão latina "fazer santo". Só Deus é santo, mas, por meio desse dom gratuito, torna-nos capazes de participar da sua santidade. Não podemos receber nenhum dom maior que esse (cf. *Catecismo*, n. 1997).

A Tradição diz-nos que este dom é "habitual", quer dizer, é um estado constante, "uma disposição estável e sobrenatural para aperfeiçoar a própria alma e torná-la capaz de viver com Deus e agir por seu amor" (*Catecismo*, n. 2000).

No entanto, somos livres de aceitar o dom ou de rejeitá-lo pelo pecado. O pecado é qualquer ação — por pensamento, palavra, ato ou omissão — que ofenda a Deus, viole a sua lei ou rejeite a ordem da sua criação.

A grande omissão

Devemos ter em conta que se pode pecar mesmo por omissão: por inação, por silêncio, por *não* fazer alguma coisa que em justiça deveríamos ter feito. Umas vezes, será por negligência, outras, por opção, mas, em qualquer caso, é pecar.

A Epístola aos Hebreus diz-nos: *Se a palavra proferida por intermédio dos anjos foi tão válida que toda a transgressão ou desobediência recebeu o justo castigo, como havemos de escapar dele se agora desprezarmos a mensagem da salvação, tão sublime?* (2, 2-3). Quando Jesus fala do juízo e do fogo do inferno em Mt 25, fala quase exclusivamente em termos de pecados de omissão ou de negligência: *Senhor, quando foi que te vimos com fome ou com sede, peregrino ou nu, enfermo ou na prisão, e não te assistimos?* (v. 44). A resposta de Jesus não deixa margem para a omissão: *Em verdade vos declaro: todas as vezes que deixastes de fazer isto a um destes pequeninos, foi a mim que o deixastes de fazer* (v. 45).

Dificilmente a omissão será um pecado insignificante. Pode até chegar a ser mortal. Por exemplo, não serve de desculpa dizer que não fomos à Missa no domingo porque nos esquecemos de que era domingo. A *mensagem proferida pelos anjos* manda-nos que nos lembremos do Dia do Senhor e o guardemos santamente. Vemos assim que, na nossa vida moral, como no nosso trabalho diário, a negligência pode matar.

Índice de mortalidade

Isto leva-nos à primeira distinção entre os tipos de pecado, uma divisão que mencionávamos de passagem no capítulo anterior: há pecado venial e há pecado mortal. Os pecados veniais prejudicam a nossa vida sobrenatural; os mortais matam-na. O pecado venial revela uma doença espiritual; o mortal representa a morte espiritual.

O pecado mortal destrói a vida muito mais realmente do que uma arma ou uma doença. Um homem que tenha cometido um pecado mortal está mais morto que um cadáver de uma semana, ainda que a sua mente e o seu corpo continuem a dar sinais de vida biológica.

Esta morte é a única coisa que Jesus aconselhou os seus seguidores a temer: *Não temais os que matam o corpo, mas não podem matar a alma; temei antes de tudo o que pode lançar a alma e o corpo no inferno* (Mt 10, 28). O inferno — o "lago de fogo" do Apocalipse — é a consequência definitiva para quem opta por cometer um pecado mortal, porque, se a vida divina fica radicalmente cortada numa pessoa, essa pessoa não pode participar da vida de Deus no céu: deixa de estar em comunhão com Cristo, de poder participar da vida da Trindade.

O que é que torna um pecado mortal maior que um venial? São necessárias três condições: matéria grave, conhecimento pleno e consentimento deliberado.

A tradição da Igreja e as Escrituras expõem claramente que espécies de pecados são mortais. Às vezes, a culpa de uma pessoa pode diminuir por essa pessoa desconhecer que certo ato era pecaminoso (talvez por estar mal informada) ou por não estar na plena posse da sua vontade (talvez tivesse agido sob coação ou fosse manipulada). Não obstante, temos de evitar a tentação de achar com demasiada generosidade que estamos nessas condições, já que muitas vezes somos responsáveis por ignorarmos os preceitos da moral cristã ou as circunstâncias especiais que configuram uma ocasião de pecado no nosso caso.

Para que a nossa confissão sacramental seja válida, devemos confessar todos os pecados mortais (todos aqueles de que temos consciência) cometidos desde a última confissão.

Endurecido, não perdoado

Há algum pecado mortal que não possa ser perdoado? Jesus disse que sim: *Todo o pecado e blasfêmia serão perdoados aos homens, mas a blasfêmia contra o Espírito não lhes será perdoada [...] nem neste mundo nem no vindouro* (Mt 12, 31-32).

Teólogos, santos e pecadores debateram esta passagem durante a maior parte destes dois milênios. Há quem a interprete de uma maneira tão rígida que a maioria das pessoas perderia a esperança de alcançar o céu. Outros diluem tanto as palavras do Evangelho que seria impossível cometer esse pecado imperdoável.

Como sempre, o ensinamento da Igreja situa-se numa posição de perfeito equilíbrio. Em primeiro lugar, adverte-nos que podemos mesmo pôr-nos fora do alcance do perdão. Com palavras do *Catecismo*: "A misericórdia de Deus não tem limites, mas quem se recusa deliberadamente a acolher a misericórdia de Deus pelo arrependimento rejeita o perdão de seus pecados e a salvação oferecida pelo Espírito Santo. Semelhante endurecimento pode levar à impenitência final e à perdição eterna" (*Catecismo*, n. 1864).

Parece de senso comum. Se amputamos os nossos braços e pernas, dificilmente podemos ter a esperança de ganhar o decatlo olímpico. Se nos negamos ao arrependimento, certamente não podemos esperar obter o perdão. Os fariseus, de quem Jesus falava na passagem do pecado "imperdoável", não só se negavam a arrepender-se dos seus erros, mas continuavam a acusar o Filho de Deus do pecado mais atroz. Não só se negavam a reconhecer o poder de Jesus como um poder divino, mas acusavam-no de agir *em virtude do príncipe dos demônios* (Mt 12, 24). Desse modo, caíram numa cegueira espiritual que chegou a ser permanente e definitiva. Esse exemplo devia inspirar-nos um santo temor. Mas sem nunca levar-nos a perder a esperança.

É um pecado raro ou é comum? Disse o papa João Paulo II: "Certamente, esperamos que sejam muito poucos os que persistem até o fim nessa atitude de rebelião ou mesmo de desafio a Deus". E continuou, citando São Tomás de Aquino: "Considerando a onipotência e a misericórdia de Deus, ninguém devia perder nesta vida a esperança da salvação[1].

---

[1] *Reconciliatio et Paenitentia*, 17. 6.

Não há matéria pequena

Toda a injustiça é pecado, mas há pecados que não levam à morte (1 Jo 5, 17). Chamamos pecado venial às faltas de menor gravidade. Não existe uma mentira livre de pecado, mas nem todas as mentiras têm o peso do perjúrio ou do falso testemunho. Por isso, o perjúrio é um pecado mortal, mas mentir a respeito da idade, unicamente por vaidade, pode ser venial.

O pecado venial debilita a nossa vontade. João Paulo II escreveu: "O pecado venial não priva o pecador da graça santificante, da amizade com Deus, da caridade e, em consequência, da felicidade eterna"[2]. Podemos chegar ao céu se morrermos com pecados veniais sem os termos confessado, mas antes devemos limpar a nossa alma, porque *nada de contaminado entrará* na vida eterna de Deus (Ap 21, 27).

Não somos obrigados a confessar os pecados veniais. Podemos ser perdoados por outros meios. Por exemplo, cada vez que recebemos a Sagrada Comunhão, porque apaga os pecados veniais; ou rezando um ato de contrição sincero e simples. A Bíblia diz-nos que o pecado venial pode ser perdoado por intercessão de outros: *Se alguém vê o seu irmão cometer um pecado que não seja de morte, reze, e Deus lhe dará a vida* (1 Jo 5, 16).

Não obstante, o grande meio que temos é identificar esses pecados mais pequenos e começar a vencê-los agora, buscando o perdão no confessionário.

---

[2] *Ibidem*, 17. 9. Mais adiante explicou: "Santo Agostinho, entre outros, fala de *letalia* ou *mortifera crimina*, contrastando-as com *venalia*, *levia* ou *quotidiana*. O significado que dá a estes adjetivos ia ter influência no posterior magistério da Igreja. Depois dele, seria São Tomás que formularia nos termos mais claros possíveis a doutrina que se converteu numa constante da Igreja".

O sacramento conferir-nos-á a graça para os evitarmos no futuro, e o confessor dar-nos-á um conselho concreto e eficaz para correspondermos melhor a essa graça com obras. A introdução ao rito da penitência diz-nos que a confissão dos pecados veniais não é um mero "exercício psicológico". É antes "um esforço assíduo e renovado para aperfeiçoar a graça do batismo de modo que, enquanto trazemos em nossos corpos a morte de Cristo Jesus, a sua vida se revele cada vez mais em nós". Nenhum pecado, por pequeno que seja, é compatível com a vida de Cristo, que sempre está livre de pecado. Se desejamos crescer nessa Vida, devemos manter-nos firmes no nosso propósito de não pecar de maneira nenhuma, ou pelo menos (para os que começam) de pecar com a menor frequência possível.

Não desanimemos se continuamos a cair no pecado venial, mas nada deve fazer-nos abandonar o nosso propósito de eliminar esses pecados completamente, porque não devemos subestimar o mal que podem causar. Insisto, algumas mentiras são menos graves que outras, mas não existem essas mentiras "pequenas" ou "brancas". João Paulo II ensinava: "Não se deve esquecer que os pecados veniais infligem feridas perigosas no pecador"[3]. Os pecados veniais, especialmente se são habituais, fazem com que diminua a nossa resistência ao pecado mortal. Podem ser o princípio de muitos males na vida.

Por outro lado, a confissão desses pecados comunica uma força poderosa para combatê-los. Era ainda João Paulo II que dizia: 'A confissão destes pecados em busca do perdão sacramental ajuda-nos realmente a crescer no

---

[3] Audiência geral, 11-3-1984, n. 2.

conhecimento da nossa condição de pecadores diante de Deus a fim de nos corrigirmos"[4].

Animados assim com a graça e um bom conselho, poderemos continuar resolutamente a avançar pelo caminho da nossa perfeição. "Deste modo, o penitente tende para *o homem perfeito,* para *a maturidade da plenitude de Cristo* (Ef 4, 13). Além disso, *vivendo a verdade com caridade, crescemos nAquele que é a cabeça: Cristo* (Ef. 4, 15)".

Nenhum pecado é uma ilha

Todo o pecado é pessoal. Mas nenhum pecado é uma ilha. Os pecados geram outros pecados, não somente no pecador, mas também nos outros. Quando pecamos, alteramos o ambiente moral, talvez imperceptivelmente a princípio, mas as nossas faltas começam a rolar juntamente com as pequenas faltas de muitas outras pessoas, criando uma espécie de bola de neve moral. O pequeno pecado de uma pessoa pode representar uma autorização tácita para pecados ligeiramente mais sérios dos que o presenciaram, e este processo de igual degradação prossegue..., enquanto alguém não decidir dar marcha à ré.

Todo o pecado tem, pois, uma dimensão social. Além disso, temos uma responsabilidade nos pecados dos outros quando cooperamos com eles (cf. *Catecismo*, n. 1868):

— participando deles direta e voluntariamente;
— ordenando-os, aconselhando-os, louvando-os ou aprovando-os, nem que seja sorrindo;

---

4   Ibidem.

— não os revelando nem os impedindo na medida em que se tem obrigação de fazê-lo;
— protegendo os que praticam o mal.

Não podemos ficar só olhando. Não devemos ficar parados. Quando as pessoas pecam, estamos moralmente obrigados a fazer alguma coisa. Escreveu Santo Ambrósio: "Teremos de prestar contas de cada palavra ociosa, mas também de cada silêncio ocioso". Lembremo-nos: o modelo bíblico de homem que pensa apenas nos seus assuntos é Caim, que perguntou: *Acaso sou eu o guarda do meu irmão?* (Gn 4, 9). A pergunta em si delata um pensamento fora dos eixos. Caim era o irmão do seu *irmão*, e isso deveria ter sido suficiente para justificar a preocupação por ele.

Se somos filhos de Deus, temos de ver os outros como nossos irmãos e nossas irmãs e, portanto, devemos corrigi-los quando precisam de correção, e ajudá-los a melhorar. Além disso, devemos contar com os nossos irmãos em Cristo para que nos orientem quando andamos extraviados. É assim que funciona a vida de uma família.

Os pecados que confessamos são pessoais e reais. Os meus são meus. Os seus são seus. Cada um é responsável deles. Mas os pecados pessoais não são os únicos a afetar-nos e enfraquecer-nos. Como vivemos em sociedade, em família, não podemos evitar que os nossos pecados influam nos pecados alheios. Apesar de cada pecado ter exatamente um autor — o pecador pessoal que opta por pecar —, todos têm uma genealogia comum. Em certo sentido, todos os pecados descendem do pecado original.

Uma má opção

Qual foi esse pecado? Vejamos no livro dos começos, o Gênesis, o relato de como tudo começou.

Deus criou Adão, o primeiro homem, em estado de graça. Gozava de um estado de filiação divina em virtude da graça que Deus lhe tinha conferido quando *lhe inspirou nas narinas um sopro de vida* (Gn 2, 7). Além da vida sobrenatural, possuía umas capacidades naturais perfeitas e uns dons preternaturais como, por exemplo, a imortalidade e uma inteligência dotada de poderes sobrehumanos. Mais ainda, vivia no paraíso ao lado da esposa perfeita, com a qual compartilhava o domínio de toda a terra.

Deus só lhe pediu uma coisa em troca: *Podes comer do fruto de todas as árvores do jardim; mas não comas do fruto da árvore da ciência do bem e do mal, porque, no dia em que dele comeres, morrerás* (Gn 2, 16-17). À distância, parece-nos muito pouco o que pediu: todas as riquezas do mundo mais a vida eterna, em troca da abstenção de certa espécie de fruto! Quase parece demasiado fácil. Mas foi para Adão e Eva a prova mais severa.

Antes de prosseguir, devo mencionar uma peculiaridade no texto hebraico do Gênesis. A passagem traduzida por "morrerás" não exprime adequadamente o original. O hebraico repete a palavra "morrer", de modo que o que se lê é "morrerás morrerás". Ora bem, em hebraico, a repetição serve para sublinhar uma palavra (para torná-la "mais" ou "mais certa"), mas para nós é estranho encontrar repetida a palavra "morrerás". Afinal de contas, não posso estar mais morto que morto[5].

---

[5] Para uma explicação mais detalhada do significado da expressão hebraica (*moth tamuth*), cf. S. Hahn, *Primeiro, é o Amor*, Diel, Lisboa, 2006; S. Sekine, *Transcendency*

Que pode significar isso?

Fílon de Alexandria, o mais importante comentarista judeu, explicava que há dois gêneros de morte: a morte do corpo e a morte da alma. "A morte do homem é a separação da alma e do corpo", escreveu. "Mas a morte da alma é a decadência da virtude e a entrada da maldade. É por isso que Deus não disse apenas «morrerás», mas «morrerás de morte», indicando não a morte comum a todos os homens, mas essa morte especial que é a da alma sepultada em paixões e maldades de toda a espécie. E esta morte é praticamente a antítese da morte que nos espera a todos"[6].

Não obstante, foi precisamente essa a morte que Adão escolheu.

O rastejar da serpente

Essa escolha parece-nos ter sido néscia ou sem pés nem cabeça, mas não foi nenhuma dessas coisas.

Adão enfrentou-se com um único adversário no jardim. Nas obras de arte, a "serpente" costuma ser representada como uma insignificante cobra de jardim. Mas não é isso o que o texto do Gênesis sugere (3, 1). A palavra hebraica é *nahash*, que tem claramente um amplo leque de significados. Costumava-se empregá-la para designar uma serpente (Nm 21, 6-9), mas também referida a um dragão maligno (Is 27, 1; Ap 12, 3, 9). Através dessa variedade de usos, a palavra referia-se

---

and Symbols in the Old Testament, Nova York, Walter de Gruyter, 1999, pp. 240--242 (Addendum 2: On the contradiction surrounding dying).

6   Filon, *Legum Allegoriae*, 1, pp. 105-108; citado por M. Kolarkic, *The Ambiguity of Death in the Book of Wisdom 1-6*, Roma, Pontifício Instituto Bíblico, 1991, p. 77.

geralmente a alguma coisa que morde (Pr 23, 32) com veneno (Sl 58, 4).

É patente que Adão enfrentou uma força temível que ameaçava a sua vida. Além disso, a serpente serviu-se de algo natural em qualquer criatura com um corpo físico: o pavor instintivo que a morte inspira. A serpente seduz Adão com promessas, mas também o ameaça tacitamente. O *Catecismo da Igreja Católica* identifica a serpente com Satanás (n. 391) e explica o poder que tinha de seduzir Adão (n. 391) e de causar-lhe um mal físico e espiritual (nn. 395 e 394)[7].

Adão sentiu medo do animal e sentiu medo da morte. Certamente temeu mais pela sua vida do que pela de Eva, pois não deu um passo para protegê-la. Temeu a morte mais do que ofender a Deus com o seu pecado. Não deu um passo em frente com a coragem de um mártir. Nem sequer recorreu a Deus pedindo ajuda. No meio do seu orgulho e do seu temor, guardou silêncio. E, junto com a sua mulher, desobedeceu ao preceito do Senhor. Ambos comeram do fruto proibido. E o resto é a história da salvação.

Eva e ele morreram? Se por morte se entende a morte espiritual explicada por Fílon, então, sim, morreram. Se por morte se entende o pecado mortal e a perda da

---

[7] Esta parte está adaptada de S. Hahn, *A Father Who Kepps His Promises*, pp. 65-67, e de S. Hahn, *A primeira coisa é o Amor*. Cf. C. Leget, *Living with God: Thomam Aquinas on the Relations Between Life and Earth and "Life"After Death*, Leuven, Peeters, 1997, pp., 117-118; 164-176; 265-266. Cf. o documento promulgado pela Congregação para a Doutrina da Fé, *Fé cristã e Demonologia*, Boston, St. Paul Books, 1975, pp. 15-16: "Por isso os Padres da Igreja, convencidos pela Escritura de que Satanás e os demônios eram os inimigos [...], não deixaram de recordar-nos a sua existência e atividade [...]. De um modo mais claro e enérgico, Santo Agostinho apresenta-o implicado na luta das "duas cidades"[...]. Na sociedade dos pecadores, ele viu um "corpo" místico do demônio, e essa ideia repete-se mais tarde na obra de São Gregório Magno, *Moralia in Job*" (citando *De Civitate Dei*, XI, 9; PL 34. 441; Pl 76, 694, 705, 722).

graça divina, sim, morreram. Morreram mais real e completamente do que se os seus corpos tivessem sido destruídos por uma granada diabólica.

Morreram de morte. Por que Deus submeteu Adão e Eva a essa prova? Porque havia em contrapartida alguma coisa de muito maior valor. Adão e Eva gozavam da vida da graça, mas esse não era o seu fim último. Deus tinha o propósito de que essa graça fosse uma semente de glória. Adão tinha sido criado *no* paraíso, mas fora feito *para* o céu. Deus queria que Adão compartilhasse a vida íntima da Trindade, que é uma plena doação mútua. O Pai derrama-se a si mesmo no amor pelo Filho; o Filho devolve-lhe esse amor por inteiro com o dom da sua própria vida; e o amor compartilhado pelo Pai e pelo Filho é em si mesmo uma pessoa divina: o Espírito Santo. Para partilhar dessa vida, Adão tinha de começar a vivê-la na terra, no paraíso onde Deus o colocara. Teria que oferecer-se completamente em sacrifício. E não o fez. Não estava disposto a entregar a sua própria vida por amor a Deus ou para salvar a vida da sua amada. A recusa em sacrificar-se foi o pecado original de Adão.

Linhas de falha

Pecado original é o termo que empregamos para descrever a primeira transgressão da humanidade: a queda de Adão. É também o termo que empregamos para descrever as consequências ou efeitos dessa queda. Para Adão, o pecado original foi pessoal, um pecado atual. Para nós, é um pecado impessoal, não um pecado atual. Mas não os distinguimos, porque são o todo de uma peça. Há um laço que une o pecado em todas as suas formas.

Quando os professores de religião discorrem sobre o mistério do pecado original, costumam empregar a metáfora de "uma mancha na alma". Mas não passa de uma metáfora. O pecado não é essencialmente uma mancha, não é uma substância espiritual. De maneira nenhuma é uma coisa. É antes a *falta* de alguma coisa, a ausência de uma coisa chamada graça santificante. Por causa do pecado de Adão, a vida íntima da Trindade desapareceu da natureza humana. Isso é o pecado original. Temos que defini-lo explicando o que não é. É a ausência de algo necessário para que os seres humanos alcancem o seu final divinamente fixado. A ausência da graça santificante submerge-nos na escuridão e na cegueira da morte.

É de crucial importância reconhecer que o pecado original não é *alguma coisa* que se transmita biológica ou fisicamente. No entanto, podemos ao mesmo tempo falar do pecado original como algo que é hereditário. O papa Pio XI escreveu que "o pecado original é uma falha hereditária, ainda que impessoal, dos descendentes de Adão[8].

Mesmo a palavra escolhida — *falta, falha* — poderia levar-nos a pensar que o pecado original é algo que nos

---

8 Em *Mit Brennender Sorge* ("Sobre a Igreja e o Terceiro Reich", 14-3-1937), continuou: "O que todos devem reprimir e vencer, com a ajuda da graça, da penitência, da resistência e do esforço moral, é a perda da graça e, consequentemente, da vida eterna. Sobre a noção de pecado original como "a morte da alma" através da "perda da graça divina". Cf. Schonborn, *Loving the Church*, São Francisco, Ignatius Press, 1998, pp. 68-69: "O pecado original não é uma qualidade positiva herdada por cada homem dos seus antepassados, mas a perda de uma qualidade que ele deveria ter herdado [...]. Pode-se interpretar o pecado original, portanto, como o estado original de não pertença ao Povo de Deus". Cf. M. J. Scheeben, *The Mysteries of Christianity*, São Luis, Herder, 1946, pp. 295-310; C. Belmonte (ed.) *Faith Seeking Understanding: A complete Course of Theology*, vol. 1, Manila, Studium Theologiae Foundation, 1993, pp. 248-251, DS 1512-1513.

torna culpados. Mas não é assim. Pensemos aqui em *falhar* no sentido da Falha de Santo André, essa fratura na *placa tectônica* da terra que torna a Califórnia vulnerável a terremotos devastadores. Isso é o que faz a *falha* do pecado original na alma. Não é uma *falha* minha, mas é como a linha de uma falha que percorre a minha alma e me inclina a separar-me de Deus.

O pecado original é assim uma falha hereditária, mas impessoal, dos descendentes de Adão: *Pelo pecado de um só homem, a condenação estendeu-se a todos os homens [...]. Pela desobediência de um só homem, todos foram constituídos pecadores* (Rm 18-9).

O mistério está, sem dúvida, em como foi que nós pecamos em Adão. Num sentido, pecamos em Adão porque temos com ele uma solidariedade mística baseada em duas realidades: *biologicamente*, somos seus descendentes; e *teologicamente*, ele é o representante da nossa aliança. Como nosso pai, representa-nos na aliança com Deus, e, uma vez que rompeu essa aliança, nós, a sua descendência, herdamos as consequências. Vejamos uma analogia nas relações humanas: se eu conduzo mal os meus negócios e declaro falência antes de passá-los aos meus filhos, os meus credores poderão exigir dos meus filhos o pagamento da dívida, por causa dos laços familiares. O pecado original é, pois, hereditário.

Mas é impessoal. É contraído, não cometido, e nós contraímo-lo sem o nosso consentimento. Por isso Deus pode apagá-lo sem o nosso consentimento pessoal, como faz com os recém-nascidos no dia em que são batizados.

Não se pode dizer o mesmo do pecado atual. Este só pode ser cometido por meio de um consentimento com conhecimento de causa. E, portanto, só pode ser apagado por meio de um consentimento com conhecimento de causa. Esse o motivo pelo qual precisamos da confissão.

A lei da gravidade (moral)

Pode ser útil lembrar que o pecado é como uma doença terminal — embora susceptível de cura — que afeta todos os órgãos do corpo. Só que neste caso afeta a vida eterna da alma.

É melhor que as pessoas não saibam que estão doentes? Ou que é possível a cura, ainda que difícil? São mais felizes se não lhes comunicam a gravidade — mas também o tratamento — da sua situação?

Na minha opinião, a chave reside em que o pecado, mais do que quebrar as leis, quebra a vida: a nossa e a dos outros. Por outro lado, a nossa vida espiritual é muito mais valiosa — e mais frágil — do que a vida física. E muito mais satisfatória, falando em termos de eternidade[9].

O povo pode não reconhecer todas as leis de Deus (ou nenhuma) e o modo como refletem a amorosa preocupação divina pela nossa saúde física e espiritual, mas isso não faz com que deixemos de estar diante de uma verdade. Se uma esmagadora maioria de americanos quisesse abolir a lei da gravidade, e ambas as Câmaras do Congresso a revogassem, e o presidente assinasse essa lei, que aconteceria se os congressistas decidissem festejar a sua "libertação" pulando do telhado da Casa

---

[9] Cf. S. Pinckaers, *Moralitiy: The Catholic View*, St. Augustinus Press, 2001; idem, *The Source of Christian Ethics*, Washington D. C., Catholic University of America Press, 1995; R. Cessario, *Introduction to Moral Theology*, Washington D. C., Catholic University of America Press, 2001.

Branca? Não poderiam, evidentemente, suprimir a lei da gravidade e, ao caírem, quebrariam os ossos.

As pessoas costumam esquecer que as leis morais de Deus são tão firmemente imutáveis como as leis físicas. O que acontece é que os resultados do pecado não são tão visíveis nem tão imediatamente dolorosos como os ossos quebrados.

Eis por que a Igreja tem que dar a conhecer a má notícia dos efeitos mortais do pecado, assim como a Boa Notícia de Cristo como a única cura total. E é por isso, repito, que precisamos da confissão.

VI

A Confissão sacramental: Por que pecar parece tão atraente?

Nas aulas que dou na Universidade, às vezes recomendo aos meus alunos que leiam as *Confissões* de Santo Agostinho. O livro tem um atrativo quase universal. Mesmo os leitores mais incrédulos e frívolos se sentem cativados pelo brilhante estilo do bispo de Hipona ou pelo menos pelas suas sugestivas recordações de uma juventude desperdiçada. Em certos casos, o livro é lido especialmente porque os pecados que descreve foram escandalosos. Seja como for, uma cuidadosa análise pessoal das *Confissões* pode ser extremamente útil para prepararmos a nossa confissão sacramental.

Há, porém, uma passagem que surpreende os próprios leitores piedosos. A bem dizer, é mais que uma passagem. Agostinho emprega *sete capítulos* para descrever o breve momento que viveu numa noite quando tinha dezesseis anos. Que surpreendente aventura pôde ocupar até esse ponto uma mente tão esplêndida?

Os leitores acharão isso desconcertante. Agostinho passou muitos anos da sua vida entregue aos pecados da carne: teve amantes, teve um filho fora do casamento. E com não menos ardor entregou-se aos pecados do espírito: seguiu espiritualidades exóticas que se situavam nas regiões da heresia e da apostasia; abandonou os ensinamentos cristãos e confiou a sua alma a um guru não cristão. Muitas e muito grandes foram as suas transgressões. Mas não houve nenhum pecado que ele submetesse a uma análise tão rigorosa como o insignificante roubo de umas peras quando tinha dezesseis anos.

Uma e outra vez, Agostinho pergunta-se por que cometeu esse pecado. Não é que estivesse com fome, porque não estava. Não é que fosse tentado por umas peras excepcionais: realmente, eram bem piores que as que tinha em casa. Também não era a hora de tomar um lanche. Ele e os seus amigos nem sequer comeram a fruta roubada: atiraram-na aos porcos.

Então, por que pecou? Agostinho faz a pergunta incansavelmente, e incansavelmente rejeita uma resposta depois da outra. Por fim, pergunta-se se não se estaria divertindo fazendo o mal pelo mal. Mas também descarta isso como uma insensatez. Ninguém — diz ele — comete um pecado porque sim. Ninguém escolhe o mal pelo mal. As pessoas não pecam pelo mal, mas por algo bom.

Valha-me Deus!

Essa é a parte que escandaliza alguns cristãos. Como se pode dizer que os pecadores não optam pelo mal quando pecam?

Agostinho responde que os seres humanos só podem desejar coisas boas. Desejamos o que é grato ao paladar, o que é cômodo, o que nos torna mais livres, o que elimina as dificuldades da nossa vida. Além disso, todas as coisas que desejamos são boas porque Deus as criou assim: *E Deus viu que era bom tudo o que tinha feito* (Gn 1, 31). Todas as coisas do mundo participam de algum modo da glória de Deus. Cada obra de arte traz o selo distintivo do artista, e, portanto, cada criatura é uma manifestação de um sacramento natural do seu criador. E é essa manifestação da glória de Deus que faz com que as coisas deste mundo nos sejam tão atraentes.

O que é então aquilo que o desejo toma por bom e o transforma em pecado? Agostinho exprime-o maravilhosamente: "Franqueamos as nossas portas ao pecado quando, por uma inclinação descontrolada para os bens ínfimos, abrimos mão dos bens superiores: de Ti, Senhor Deus, da tua verdade e da tua lei". E continua: "Todas essas coisas inferiores têm o seu encanto, mas não como o meu Deus, Criador de todas as coisas, porque nEle se recreia o justo e Ele constitui as delícias dos retos de coração".

Agostinho chega à conclusão de que roubou as peras para gozar da companhia dos seus amigos e fazer coro com os seus risos. A amizade, a camaradagem e as risadas eram todas coisas boas, dons de Deus, e apetecíveis. Mas os rapazes erraram quando puseram o desejo dessas coisas acima do desejo de agradar e obedecer ao Senhor Deus.

Nós também pecamos, não por desejarmos o que é mau, mas por desejarmos o que não é suficientemente bom. Entregamos o nosso coração, o nosso corpo e a nossa alma a bugigangas e a sensações passageiras quando, pelo contrário, deveríamos ir em busca do cume de todos os prazeres, do Criador eterno de todas as alegrias. Quando nos detemos nos dons de Deus, viramos as costas Àquele que no-los concede.

Uma nova ordem transtornada

O problema, pois, não é que achemos atraentes as criaturas, mas que as achemos mais atraentes do que

Deus. O problema (com palavras de Agostinho) é a nossa "inclinação descontrolada pelas coisas", pelo prazer, pela glória terrena. Esse foi o problema de Adão e Eva: a árvore proibida do Éden — tal como o fruto da horta do vizinho de Agostinho — não era má. Essa árvore do conhecimento do bem e do mal era boa em todos os sentidos. Eva viu imediatamente que *o fruto da árvore era bom para comer, de aspecto agradável e muito apropriado para abrir a inteligência* (Gn 3, 6). A árvore tinha todas as boas qualidades naturais porque Deus a tinha feito assim. Parecia boa, e seria benéfica, dando a sabedoria a quem comesse do seu fruto.

Mas Deus tinha mandado ao primeiro casal que sacrificasse todos esses bens por um bem mais alto, um bem sobrenatural. E nisso falharam — por medo da serpente, por orgulho, pelo temor de sofrer uma perda (cf. Hab 2, 14-15). O fruto não era mau, mas a desobediência foi má. Não é mau desejar a sabedoria, ou umas maçãs maduras, mas é mau procurar essas coisas numa direção que nos afaste de Deus.

Foi o que fizeram Adão e Eva. Reordenaram as suas prioridades, a fim de satisfazerem os seus desejos prementes — segurança, autoconservação, sabedoria e prazeres sensuais —, enquanto anulavam os bens mais altos, como a fé, a esperança e o amor. Não escolheram diretamente o que era mau. Escolheram os bens menores. Escolheram uns bens que naquele momento pareciam mais *reais*.

A autoconservação e a fome são instintos animais, profundamente enraizados, que suscitam no corpo intensas respostas físicas. Mas não existe nenhum instinto físico semelhante para a fé, a esperança e a caridade; não existe nenhuma glândula, órgão ou hormônio que nos pressione a preferir Deus a todas as coisas. O que Deus pedia a Adão e Eva era um profundo ato da vontade — que unissem a sua vontade à dEle —, sacrificando assim os desejos mais baixos do corpo e da alma, do coração e da mente.

A opção que fizeram teve consequências a longo prazo. A necessidade criou-lhes novas necessidades: terem de ocultar-se, justificar-se e cobrir a nudez. Deram primazia aos seus desejos mais baixos, e esses desejos tomaram o poder. Enquanto antes estavam *nus sem se envergonharem* (Gn 2, 25), agora a nudez provocou neles sentimentos desordenados, e julgaram necessário cobrir a cintura com folhas de figueira. Daí em diante, Adão, que tinha cultivado e mantido o jardim sem esforço, deveria trabalhar duramente com o suor do seu rosto.

Os nossos primeiros pais transtornaram a hierarquia divinamente estabelecida para a raça humana. Agora, em vez de a nossa alma governar o nosso corpo, é o nosso corpo — com os seus anelos e apetites, prazeres e temores — que governa a nossa alma.

São Paulo chama a isso a rebelião da carne contra o espírito (cf. Gl 5, 16-17; Ef 2, 3; *Catecismo*, n. 2515). Os teólogos chamam-no *concupiscência*, um termo que se refere aos "desejos ou apetites humanos que se desregulam devido às consequências temporais do pecado original". A concupiscência é, por natureza, irracional: o nosso caótico instinto rebelou-se contra a ordem da razão[1].

Em si mesma, a concupiscência não é pecado, mas é o resultado do pecado original e a causa dos nossos

---

[1] Tomado do Índice temático do *Catecismo da Igreja Católica*. Cf. J. J. Hugo, *St. Augustine on Nature, Sex end Marriage*, Chicago, Scepter Press, 1969, pp. 52-78; Belmonte, *Faith Seeking Understanding*, p. 251.

pecados atuais. É uma inclinação inata para o pecado, mas não é uma transgressão pessoal. Não nos torna culpados, mas vulneráveis às tentações e positivamente propensos ao pecado.

Consequências nefastas

Assim como, pela desobediência de um só, todos os homens foram constituídos pecadores, assim também, pela obediência de um só, todos se tornarão justos (Rm 5, 19). Assim como Adão apagou a vida divina na sua alma e na dos seus descendentes, assim Cristo veio restaurar essa vida divina e tornar-nos capazes de participar dela.

A maioria de nós recebeu a vida divina, sendo crianças, por meio do sacramento do Batismo, que apaga a mancha do pecado original. Mas a concupiscência permanece em nós. Os nossos instintos e paixões, embora bons em si mesmos, estão fora da ordem adequada, e isso *não* é bom.

A concupiscência empurra-nos para baixo. As criaturas atraem-nos porque Deus as fez atraentes, como reflexos da sua glória, para nos impelir a dar-lhe graças, louvá-lo e amá-lo mais. Mas tendemos a fazer delas o objeto último dos nossos desejos..., quer se trate da esposa, de um amigo, do chocolate, do álcool, dos livros ou de um carro. Quanto mais cedermos a esses desejos prementes, mais se apoderarão de nós, e mais crescerá a nossa necessidade de os satisfazer. Quanto mais precisarmos desses bens criados, menos sentiremos a necessidade de Deus — apesar de ter sido Ele quem nos deu os bens do mundo!

A concupiscência torna-nos vulneráveis, fracos perante a tentação. Este mundo tenta-nos através da nossa concupiscência. Não quer isto dizer que sejamos culpados se surgem em nós maus pensamentos. Só quando consentimos neles é que cometemos um pecado no nosso interior e, a menos que nos arrependamos o mais depressa possível, não demoraremos a cometê-lo externamente.

Para vencermos os efeitos da concupiscência, temos de começar por saber em que consistem. A tradição menciona três efeitos.

1. *A nossa mente está obscurecida*. A nossa faculdade de raciocinar depende das nossas glândulas e das nossas vísceras. Só com a graça de Deus, a verdade revelada e o nosso esforço é que podemos considerar submetidos os impulsos da nossa carne.

2. *Os nossos desejos estão debilitados*. A vontade só deve desejar o bem, mas a vontade atua conforme os dados que lhe proporciona a inteligência, que agora funciona no meio da escuridão. Frequentemente, a nossa vontade está mal orientada: não se dirige para Deus como seu fim último, e sim para as criaturas como seu fim próximo. Escolhe coisas boas, sem dúvida, mas escolhe os bens mais baixos, bens aparentes. Ninguém escolhe o mal pelo mal, mesmo a pessoa que opta pelo suicídio ou pelo assassinato. Hitler pensava fazer o bem quando livrava o mundo dos judeus, dos ciganos e dos padres católicos. Até esse ponto se torce a natureza humana quando damos rédea solta à concupiscência.

3. *Os nossos apetites estão desordenados*. Os nossos desejos de alimento, sono, intimidade sexual são bons em si mesmos quando se ordenam segundo Deus,

que para isso foram criados. Mas pela concupiscência convertem-se em desordenados, e assim o nosso corpo tende a arrastar-nos para a gula, a preguiça, a luxúria, e para outros pecados habituais.

Agora podemos ver os estragos da concupiscência: a inteligência está obscurecida e não pode alimentar a vontade. Assim a vontade está cada vez mais debilitada. E. no fim, os desejos da carne chegam a ser desordenados porque a alma já não governa o corpo como deveria.

Castigados pelo prazer

Agora compreenderemos melhor o lamento de São Paulo: *Ai de mim! Quem me livrará deste corpo de morte?* (Rm 7, 24). Como Paulo, deveríamos viver na certeza de que a nossa libertação procede de Jesus Cristo, Nosso Senhor. Mas temos de aprender a descobrir a chamada de Cristo ao arrependimento na nossa vida diária, porque esses são os momentos estabelecidos para a nossa libertação[2].

Para nós, o pecado começa com os nossos desejos desordenados. Começamos por ser tentados pelo anelo de alguma coisa que não possuímos. A nossa primeira obrigação é, pois, a de resistir à tentação, repelindo o desejo e afastando-nos da situação que nos perturba. Se falhamos nisto e pecamos, o nosso pecado torna-se

---

[2] Cf. J. Gidea (trad.) *Source Book of Self Discipline. A Syntesis of "Moralia in Job", by Gregory the Great*, Nova York, Peter Lang, 1991, pp. 47-56, 129-146, 152-160, 173, 193-200; L. E. Vaage e V. Wimbush, *Ascetism and the New Testament*, Nova York, Routledge, 1999; E. A. Clark, *Reading Renunciation*, Princeton University Press, 1999. Para uma análise mais profunda e ampla desta ênfase na teologia moral e espiritual de São Gregório, cf. C. Straw, *Gregory the Great: Perfection and Imperfection*, Los Angeles, University of California Press, 1988. Cf. C. S. Lewis, *The Allegory of Love: A Study in Medieval Tradition*, Londres, Oxford University Press, 1959, pp. 14-23.

mais grave, porque nos teremos colocado num perigo maior. Devemos arrepender-nos disso, confessá-lo e fazer penitência.

Mas que acontece se não nos arrependemos, se voltamos a rondar os prazeres proibidos? Temos de enfrentar o castigo de Deus. E em que consiste esse castigo? Não no que seria de esperar. Geralmente, Deus não castiga os pecadores enviando um raio de um céu luminoso. O pior castigo que podemos receber é a atração que o pecado exerce sobre nós.

Quando as pessoas optam por um prazer proibido, o castigo consiste no próprio prazer que experimentam ilicitamente, porque, depois de terem desfrutado dele, querem mais. Se Deus nos abandona aos nossos prazeres ilícitos, descobrimos que já não podemos resistir-lhes. Antes de o percebermos, estamos fisgados. Fazemo-nos dependentes, codependentes ou adictos.

Uma vez fisgados por um pecado, alteramos a ordem dos nossos valores. O mal converte-se no nosso "bem" mais premente, no nosso anelo mais intenso; o que é realmente bom aparece como um "mal" porque ameaça impedir-nos a satisfação dos nossos desejos ilícitos. Chegados a este ponto, o arrependimento torna-se quase impossível: porque, sendo por definição uma rejeição do mal e um retorno ao bem, o pecador redefiniu por completo o bem e o mal. Desses pecadores disse Isaías: *Ai dos que chamam bem ao mal, e mal ao bem!* (Is 5, 20).

A concupiscência sem freio é o castigo de Deus para o pecador impenitente, e é um castigo adequado ao delito. Quando as pessoas persistem em optar pelos bens mais baixos, Deus acaba por suprimir-lhes as restrições. No primeiro capítulo da sua Epístola aos Romanos, São Paulo explica que *Deus entregou* [os pagãos] *às apetências do seu coração, à imundície, [...] porque trocaram a verdade de Deus pela mentira e adoraram e serviram as criaturas em vez do Criador* (Rm 24-25). *Deus entregou-os a paixões vergonhosas* (1, 26), *entregou-os a sentimentos depravados* (1, 28). Ao castigar as pessoas, Deus respeita-lhes a liberdade e "abandona-as" à luxúria, às paixões e à conduta que elas mesmas escolheram. E quando as abandona — Ele que lhes deu a vida —, podem elas estar de outro modo que não seja mortas?

Repito: o prazer de pecar é o primeiro castigo pelo pecado. Isto é uma surpresa para a maioria das pessoas. Pensamos no castigo divino como uma *vendetta* com que Deus ajusta as contas com o pecador. Mas o pior castigo temporal que Deus pode impor é o apego aos pecados livremente escolhidos.

Os bêbados, por exemplo, não começam como bêbados. Começam por embriagar-se uma vez, depois outra, depois outra. Quer dizer, se lhes apetece o álcool e não moderam esse desejo, acabarão ébrios: e a bebedeira é o castigo pelo pecado de beberem imoderadamente. Chegados a este ponto, compreendemos que essas pessoas falharam no dever inicial de resistir à tentação. E se, em vez de se arrependerem, voltam a embebedar-se, sentirão na alma o peso desse bem ilícito que as arrastou para baixo, para longe de Deus.

Assim caminham as coisas quando temos a inteligência obscurecida e a vontade debilitada. Se Deus não intervier — um acidente de carro, o abandono pela família, a expulsão de casa, perda do emprego —, é quase impossível que nos arrependamos. Diante de um desastre, o pecador geralmente pensa que Deus acordou e começou a castigá-lo. Mas esse castigo não é uma manifestação da cólera divina, e sim da misericórdia divina. Deus quer salvar o pecador de um destino pior e eterno.

O que consideramos castigo, como cólera, é na verdade uma série de lampejos de uma luz forte e inesperada que Deus envia para iluminar uma alma obscurecida pela concupiscência e pelo pecado.

A cólera: metáfora e realidade

É importante chegarmos a entender adequadamente os castigos de Deus. O Antigo Testamento fala 168 vezes da "ira" ou da "cólera" de Deus. Mas devemos dizer com toda a convicção que Deus não se "encoleriza". Não nos castiga dominado pela ira: Ele é eterno e imutável, e não está à mercê dos movimentos que nós, os humanos, experimentamos arrastados pelas emoções e paixões.

Quando a Bíblia fala da "cólera" de Deus, fala metaforicamente, como costuma fazê-lo. Pensemos, por exemplo, na referência do salmista à *mão direita de Deus* e ao *seu santo braço* (Sl 98, 1). Isso não significa que Deus tenha membros e extremidades, nem que tenha emoções e paixões. São Tomás de Aquino explica:"Quando a Escritura fala do braço de Deus, o sentido literal não é que Deus tenha esse membro, mas unicamente o que esse membro simboliza, isto é, o seu poder operativo"[3].

Que representa a metáfora? A "ira" é uma palavra que indica relação. Se estamos irritados, tem que existir

---

3   *Summa Theologica*, I, 1. 10 ad 3. São Tomás interpreta a ira de Deus em termos figurativos mais do que reais, isto é, como uma expressão antropomórfica que descreve como o pecador impenitente experimenta o justo e santo temor de Deus. Cf. J. I. Parker, *Knowing God*, Inter-Varsity Press, 1993, p. 139, que é partidário da concepção evangélica protestante da ira de Deus como uma "atitude emocional"... de ódio à irreligião.

o objeto da nossa ira, alguém que nos irrita. Ora, como Deus é imutável e não pode haver no seio da Trindade uma relação eterna de ira, temos que falar de uma relação temporal entre Deus e o homem. São Tomás esclarece: "Como entre nós é habitual que um homem encolerizado castigue, o castigo converte-se numa expressão da ira. [...] Mas a ira nunca pode ser atribuída com propriedade a Deus, pois o seu significado primordial inclui a paixão" (*Summa Theologica* I, 19. 11, c).

A *cólera* divina, a *ira* e o *castigo* são termos que nos podem ajudar a compreender os atos por meio dos quais Deus faz justiça e restaura a ordem na nossa vida, na nossa história. E não são a fúria de um "juiz que manda para a forca"; são antes um instrumento da misericórdia e da bondade divinas. Os castigos de Deus são como os de um pai amoroso ou como o cajado do pastor que nos dirige pelos caminhos apropriados. São corretivos, restauradores, redentores e medicinais. Segundo São Paulo, *a bondade de Deus convida-te ao arrependimento* (Rm 2, 4).

A verdade e as suas consequências

A cólera de Deus foi definida como "os maiores desastres e pancadas que podem ferir uma pessoa como consequência do pecado, como «castigo» ligado ao pecado porque Deus assim o desejou"[4].

Frequentemente, Deus castiga de um modo inesperado, mas os seus castigos não são vingativos nem arbitrários: são as consequências inevitáveis das nossas

---

[4] De Grijs, "Thomas Aquinas on *Ira* as a Divine Metaphor", 44. São Paulo diz: *Sabemos que o juízo de Deus contra aqueles que fazem tais coisas* — isto é, contra os que pecam — *corresponde à verdade* (Rm 2, 2).

livres escolhas. Não há dúvida de que os seus castigos — incluído o eterno e definitivo do inferno — são a defesa da liberdade humana e a certeza do amor divino, porque não pode haver coação no amor. Devemos ser livres para escolher o amor de Deus ou — tragicamente, definitivamente — para rejeitá-lo. Se não contássemos com a opção de escolher o pecado e o inferno, não teríamos liberdade para escolher e amar a Deus. Se Deus não nos permitisse dizer-lhe não, o nosso sim seria inútil, a resposta programada de uma máquina.

Temos de enfrentar a realidade de que, quando pecamos e optamos por alguma coisa em vez de optar por Deus, temos o que escolhemos.

Infelizmente, sempre haverá uma luta, pois temos de fazer a nossa escolha servindo-nos de umas faculdades debilitadas pela concupiscência. A concupiscência arrasta-nos numa só direção, para baixo, para longe de Deus. Além disso, a sua lei da gravidade é avassaladora, domina o nosso corpo e a nossa alma.

Podemos começar a vencer a nossa concupiscência mediante o domínio e a renúncia de nós mesmos — na verdade, devemos fazê-lo assim —, mas mesmo isso não é suficiente. Precisamos da ajuda daquilo que só Deus pode dar: a graça que Ele concede livremente no sacramento da penitência. Essa graça é eficaz pelo seu poder divino e criador: *cria de novo* o coração que o pecado desordenou, desfigurou e fez cair em desgraça.

VII
Temas para a reflexão: a Confissão como aliança

Quem me livrará deste corpo de morte? (Rm 7, 24). São Paulo fazia-se eco do grito que ressoava havia séculos, desde os tempos do pecado original. Os que confiavam em Deus confiavam também em que Ele os "livraria", de algum modo, da *lei do pecado e da morte* (Rm 8, 2) — a concupiscência — que dominava os seus corpos despoticamente.

Quem me livrará deste corpo de morte? Paulo respondia a essa pergunta sem duvidar, sabendo que Deus tinha enviado Jesus como seu libertador. *Cristo Jesus libertou-me da lei do pecado e da morte* (Rm 8, 2). *Graças sejam dadas a Deus por Jesus Cristo, nosso Senhor!* (Rm 7, 25).

Que forma tomou essa libertação? A tradição cristã emprega uma série de termos para designá-la: *expiação, redenção, salvação, justificação* e *santificação*, entre outros. A maioria dos cristãos considera essas palavras como sinônimos. São-nos demasiado familiares porque as repetimos com frequência em orações e frases piedosas, mas ao mesmo tempo estranhas ao nosso quotidiano: significam pouco fora do seu contexto religioso. E assim, para o cristão médio, a mente tende a desligar-se um pouco, sempre que as sílabas latinas se acumulam.

Os que dedicam um pouco de tempo a ponderar esses termos um por um também não conseguem muito mais, porque veem neles um emaranhado de realidades — militares, religiosas, mercantis, legais — em contradição ou em conflito umas com as outras. A nossa libertação começa a parecer uma mistura improvável de metáforas.

Não foi assim que os primeiros cristãos experimentaram a sua libertação. Não foi assim no caso de São Paulo, para quem todas as metáforas constituíam uma experiência unitária, como também para os demais Apóstolos, para Jesus, para os antepassados em Israel e para todos os seus semelhantes do mundo antigo.

Deus explica sempre o desconhecido pelo conhecido. E todos esses termos acima mencionados reuniram-se numa simples realidade conhecida na Igreja primitiva e no antigo Israel. Reuniram-se na noção de *aliança*.

A *aliança familiar*

Para compreendermos a noção de aliança, temos de começar por conhecer a cultura do antigo Israel, onde uma ampla e extensa família definia o mundo de um determinado indivíduo. A família — a tribo, o clã — constituía a identidade primordial de um homem ou de uma mulher, decidia onde deviam viver, como tinham que trabalhar e com quem deviam casar-se. Era frequente que os seus membros ostentassem um chamativo sinal familiar, como um selo ou uma marca distintiva no corpo.

No Oriente Próximo, uma nação era uma vasta rede de famílias, como acontecia com Israel, que compreendia as doze tribos dos filhos de Jacó. A unidade da família era um vínculo da aliança, com todo o seu cortejo de direitos, deveres e lealdades. Quando uma família recebia novos membros por casamento, adoção ou qualquer outra aliança, ambas as partes — os novos membros e a tribo estabelecida — costumavam selar a aliança pronunciando um juramento solene, compartilhando uma refeição e oferecendo um sacrifício. O grande especialista bíblico, Dennis J. McCarthy, escreveu: "É indubitável que esses pactos, semelhantes a tratados, estabeleciam uma espécie de unidade familiar. No vocabulário desses documentos, um membro superior recebia o nome de «pai», um inferior o de «filho», e os membros semelhantes o de «irmãos»".

Cada uma dessas amplas famílias constituía *uma unidade econômica*. A bem dizer, era literalmente uma economia. A palavra "economia" procede da grega "oikonomia", que significa "a lei da casa". O lugar do mercado, com as suas compras e vendas, era um assunto familiar; a profissão de um homem não era tanto o resultado de uma opção pessoal, mas obedecia às necessidades familiares.

Cada uma dessas amplas famílias era também *uma unidade militar*. A família velava por si mesma e estava preparada para defender a sua gente, a sua terra e os seus trabalhos. Se um membro era levado para o cativeiro, a família enviava um parente — redentor, em hebraico *go'el* — para resgatar a vítima ou vingar o crime (cf. Gn 14, 14-16).

Cada uma dessas amplas famílias era ainda *uma unidade religiosa*. Toda a família estava unida na prática da sua religião e dos sacrifícios. Os pais desempenhavam o papel de sacerdotes, ofereciam o sacrifício pela família e transmitiam esse ofício aos filhos primogênitos. O deus da família era o deus dos seus antepassados, os patriarcas: *O Deus de Abraão, de Isaac, de Jacó, o Deus dos nossos pais* (At 3, 13).

Cada uma dessas amplas famílias era governada por *tribunais próprios*. Era a família que costumava dirimir as suas disputas internas e julgar os delitos cometidos pelos seus membros, contra os seus membros ou nas suas terras. Os mais velhos da tribo faziam de juízes (cf. Ex 18, 21-26; Dt 1, 12-17; Dt 21, 19).

Em outras palavras

A relação de Deus com o seu povo eleito estava definida por uma aliança. E assim a Escritura descreve essa interação em termos familiares, como era de esperar. No entanto, devemos incluir nesse conceito as atividades que acabamos de descrever, com o que chegamos ao vocabulário empregado para a libertação operada por Deus[1].

Econômica. A libertação exprime-se na linguagem do mercado: *Fostes comprados por alto preço!* (1 Cor 7, 23). A palavra pode descrever também a compra de um escravo ou o resgate de um cativo. O Novo Testamento emprega-a deste modo, mas com um acento familiar: *Deus enviou o seu Filho, nascido de mulher, nascido sob a Lei, para resgatar os que estavam sob a Lei, a fim de que recebêssemos a adoção de filhos* (Gl 4, 4-5). São Paulo relaciona também a redenção com o perdão dos pecados e com o

---

1 Para os diversos "modelos de expiação", cf. R. Nicole, "The Nature of Redemption", em *Standing Forth: The Collected Writting of Roger Nicole*, Roshire, Inglaterra, Focus, 2002, pp. 245-282; J. B. Green e M. D. Baker, *Recovering the Scandal of the Cross: Atonement in the New Testament and Contemporary Context*, Inter-Varsity Press, 2000. Para uma abordagem mais profunda do uso que São Paulo faz do termo "economia" para descrever a salvação, interpretado à luz do culto de adoração e das antigas "economias do templo" (na Judeia e no mundo greco-latino), cf. D. Georgi em *Remembering the Poor, The History of Paul Collection for Jerusalem*, Nashville, Abingdon Press, 1992, pp. 144-165; cf. também S. Hahn, *O primado do Amor*, pp. 102-106.

remédio contra a concupiscência: *O nosso grande Deus e Salvador, Jesus Cristo [...], entregou-se por nós, a fim de nos resgatar de toda a iniquidade e purificar para si um povo de predileção, zeloso na prática do bem* (Tt 2, 13-14).

Militar. Algumas vezes, a Escritura descreve a nossa libertação com terminologia guerreira: o parente-vingador que liberta o seu povo dos seus captores ou inimigos. No ato definitivo de resgate, Jesus salva-nos do pecado: *O Senhor livrar-me-á de toda a obra má e salvar-me-á levando-me para o seu reino celestial* (2 Tm 4, 18). Ecoa aqui a oração do Pai-Nosso que Jesus nos ensinou:... *livra-nos do mal* (Mt 6, 13). O tema aparece mais tarde na Epístola aos Efésios (6, 10-17), na qual São Paulo fala detidamente de batalha espiritual e da necessidade de cobrirmos a cabeça com *o capacete da salvação* (também em Is 59, 15-21).

Religiosa ou litúrgica. A palavra refere-se literalmente aos atos com que se realiza o sagrado. No Antigo Testamento, aparece quando se descrevem os ritos de purificação relacionados com o Templo de Jerusalém e os seus sacrifícios sacerdotais: homens e mulheres purificados que se preparam para o sacrifício do Templo e que, por sua vez, se purificam graças ao sacrifício do Templo. No Novo Testamento, aplica-se ao sacrifício de Jesus Cristo — por meio dos sacramentos — que purifica a Igreja e os seus membros: *Lavaram as suas estolas e branquearam-nas no sangue do Cordeiro* (Ap 7, 14). *Mas fostes lavados, santificados, justificados em nome do Senhor Jesus Cristo e pelo Espírito do nosso Deus* (1 Cor 6, 11).

Jurídica. Aqui descreve-se a salvação em termos legais, como cancelamento dos nossos muitos pecados diante de Deus nosso juiz. Esta é também a obra de Jesus

Cristo, que nos alcançou a remissão da nossa culpa e nos tornou capazes de participar da vida divina sem mancha: *São justificados gratuitamente pela sua graça, em virtude da redenção que está em Cristo Jesus* (Rm 3, 24). *E não aconteceu com o dom o mesmo que com as consequências do pecado de um só: porque a falta de um só teve por consequência um veredicto de condenação; ao passo que, depois de muitas ofensas, o dom da graça atrai um juízo de justificação. Se pelo pecado de um só reinou a morte, muito mais aqueles que receberam a abundância da graça e o dom da justiça reinarão na vida por um só, que é Jesus Cristo!* (Rm 5, 16-17).

Ensinamento supletivo

Redenção, salvação, santificação, justificação: se bem que todos estes termos podem referir-se à palavra salvadora de Deus, é preciso descobrir de que modo convergem na realidade da aliança.

Nenhum erudito ou leitor atento da Bíblia nega que a aliança foi uma ideia central — sem dúvida *a* ideia central — no antigo Israel. Mas se todos aceitam a palavra, já é menor a certeza acerca do que ela significa. Vivemos tão longe no tempo e no espaço que nos é difícil vencer a distância conceitual. É uma tarefa árdua reconstruirmos o que para os escritores bíblicos parecia tão natural, mas não o é para nós.

No entanto, quando começamos a reconstruir a experiência israelita da aliança, acode-nos imediatamente a realidade vivida na série dos quatro termos acima descritos. E não se trata de uma mera curiosidade histórica, porque, quando aplicamos as nossas descobertas históricas ao raciocínio teológico, descobrimos que a teologia católica tem muito a oferecer para pôr remédio às carências do trabalho de muitos pregadores não católicos.

Quando escutamos os sermões da TV e rádio de muitos evangélicos, não demoramos a observar certos lugares comuns: por exemplo, que Deus castigou em Cristo os nossos pecados; que o Pai já não via o seu Filho único, mas somente os nossos pecados, e assim descarregou a sua cólera em Jesus. Segundo essa leitura, desse modo ficava completa a compensação legal. Jesus carregou com a nossa culpa e castigo, e nós recebemos a sua retidão e a sua recompensa.

Salvamentos mútuos

O problema é que a compensação legal é uma ficção legal, uma falsa compensação. Jesus não era culpado de nenhum delito e, portanto, não pôde ser castigado por isso. Os convênios legais em Israel eram semelhantes aos que conhecemos hoje. Se eu danificasse a propriedade de alguém e fosse declarado culpado em juízo, um vizinho poderia oferecer-se para pagar uma dívida que eu não pudesse saldar: os danos econômicos podiam ser transferidos ou compensados. Mas não acontecia o mesmo com os castigos devidos por um crime. Se fôssemos culpados de um assassinato, o vizinho não poderia oferecer-se para ser preso ou executado em nosso lugar. Então como hoje, os castigos por crimes não podiam recair em substitutos.

Se Cristo tivesse agido meramente como nosso substituto, poderíamos perguntar-nos com toda a razão por que ainda temos de carregar com o castigo pelos nossos pecados. Por que temos de continuar a sofrer e morrer?

Como nosso substituto, Cristo poderia ter eliminado a necessidade dos nossos sofrimentos.

Porém, segundo a lógica da aliança — e o ensinamento da Igreja —, Jesus não nos substituiu no cumprimento da pena. Era, sim, o nosso representante legal; e já que a sua paixão salvadora era representativa, não nos exime dos nossos sofrimentos, mas dota-os de poder divino e de valor redentor (Cl 1, 24).

Sim. Afirmamos que Jesus pagou uma dívida que não devia (por nós termos uma dívida que não podíamos pagar). Mas essa teoria substitutiva é válida em termos econômicos, não em face das leis penais. Seria uma injustiça que um homem inocente pudesse ser castigado em nosso lugar. Isso indicaria uma cegueira divina ou uma loucura temporal. Como é que o Pai poderia *deixar de ver* o seu único Filho, especialmente no momento em que pendia da cruz em total obediência e amor por Ele? É evidente que o Pai *podia* ver o Filho, e a humanidade de Cristo nunca foi tão bela como quando pendia da cruz numa submissão amorosa à vontade do Pai[2].

A pregação de um Pai cego que se vinga num Filho inocente é inaceitável e roça a blasfêmia. Exige que

---

[2] Cf. Ciappi, *The Heart of Christ*, pp. 234-235: "O mistério da redenção é essencial e principalmente um mistério de amor. A Bíblia, os Padres da Igreja e a teologia católica dizem-nos que Jesus Cristo ofereceu uma infinita satisfação por todos os pecados da humanidade, merecendo um infinito tesouro de graça, não porque se tivesse feito objeto da ira de Deus Pai, mas porque se imolou livremente no altar da Cruz, como Cabeça de uma nova humanidade, conduzida pelo seu amor infinito: «Ao padecer por caridade e por obediência, Cristo apresentou a Deus uma oferenda maior que a exigida como compensação por todas as ofensas do gênero humano» (citando São Tomás de Aquino, *Summa Theologica*, III 48. 2)". Em outro lugar, São Tomás explica: "Deus quis manifestar a sua infinita misericórdia de um modo tal que a sua justiça não se visse de maneira nenhuma comprometida" (*III Sent. Dist.* I, 1. 2, citado por Ciappi na p. 40).

seja corrigida e completada pelo único princípio que confirma todas as metáforas relativas à ação salvadora de Deus.

Temos de conhecer a aliança, mas, para entendê-la, precisamos primeiro de pôr-nos nas pontas dos pés e observar por cima do muro da nossa cultura e ver o que fez o Evangelho tão valioso para os cristãos do século I. A antiga aliança era a aliança familiar compreendida em termos legais, assim como litúrgicos, econômicos e militares. Era a crença na família natural, tribal, de Israel. E é hoje a crença na família sacramental, universal, da Igreja, em cujo seio experimentamos a luta espiritual, a obra redentora e o sofrimento; é o culto ritual e um tribunal diante do qual nos declaramos culpados e pedimos misericórdia: o sacramento da confissão.

Voltar ao rito

Cristo veio cumprir a aliança em todos os sentidos. Por isso vemos florescerem no Novo Testamento todos os aspectos da vida de família do Antigo.

Nas suas alianças com Adão, Noé, Abraão, Moisés e Davi, Deus ampliou os membros da sua aliança familiar. Eram primeiro um casal, depois um lar, depois uma tribo, uma nação, um reino, até que, finalmente, com Jesus, o convite chegou a ser universal. A "autêntica família" de Cristo está formada por aqueles que recebem um novo nascimento como filhos de Deus através do Batismo (Jo 3, 3-8) e que continuam a participar da vida de Cristo por meio dos sacramentos: convertem-se em seus irmãos pequenos (Rm 8, 14-15; 29).

Os sacramentos são agora os meios pelos quais os homens e as mulheres se integram na aliança familiar de Deus, e servem também para renová-la e restaurá-la quando se quebra³.

Os sacramentos selam o juramento da aliança do cristão, a refeição em comum e o sacrifício. A palavra *sacramento* testemunha esta verdade; como vimos atrás, é uma palavra que significa "juramento" e que foi aplicada aos ritos da Igreja desde os primeiros tempos. Um historiador pagão, Plínio o Moço, escrevia por volta do ano 100 d. C. que os cristãos do seu tempo se reuniam antes do nascer do sol para entoar hinos a Cristo, e depois "se uniam num solene juramento [...]: nunca cometer fraudes, furtos, adultérios, nem falsear a sua palavra". E acrescentava que, depois de jurarem esse *sacramentum*, os cristãos se dispersavam e se reuniam mais tarde para receber a Eucaristia.

É um texto muito semelhante à "confissão" antes da comunhão, documentada muito cedo, em meados do século I, na *Didaquê*. E sem dúvida muito semelhante à espécie de confissão que Jesus prescreveu como o requisito adequado para participarmos do seu sacrifício: *Se estás para fazer a tua oferenda diante do altar e te lembras de que o teu irmão tem alguma coisa contra ti, deixa*

---

[3] Sobre o modo como os sacramentos da Igreja procedem da paixão redentora de Cristo, cf. os comentários de São Tomás às Sentenças (*IV Sent.*, d. 18 q. 1a. 1qc. 1): "A porta do Reino dos céus está fechada para nós por causa do pecado [...]. Por isso, a força que remove esse obstáculo para a entrada no Reino é chamada chave [...]. Esta força pertence à Santíssima Trindade por autoridade, mas encontrava-se já na humanidade de Cristo, que vinha remover esse obstáculo por meio dos méritos da sua paixão [..]. Os sacramentos brotam do lado de Cristo pendente da Cruz, de onde nasceu a Igreja. Por esta razão, os sacramentos da Igreja têm a mesma eficácia da Paixão. E assim, os sacerdotes da Igreja, que são os que dispensam os sacramentos, têm o poder de remover o referido obstáculo. E esse poder não pertence aos sacerdotes, mas é o poder divino da paixão de Cristo. Este poder é chamado metaforicamente a chave da Igreja, que é a chave do sacerdócio". Para São Tomás de Aquino, o nosso pecado é vencido — em justiça — pelo amor de Cristo, como o gelo é vencido — na natureza — pelo calor do sol.

a tua oferenda diante do altar e vai primeiro reconciliar-te com o teu irmão; depois volta e vem fazer a tua oferenda (Mt 5, 23-24).

Este "reconciliar-te com o teu irmão" — na presença de teu Pai-Deus — significa estar plenamente integrado na família. E é este laço familiar que Deus restaura nos cristãos mediante o sacramento da confissão. A confissão reintegra-nos na fraternidade com a Igreja, que é a família de Deus na terra; e reintegra-nos como filhos de Deus, em Cristo, na Família eterna de Deus no céu.

Uma vez reconciliados, podemos, com o coração puro, voltar ao altar do sacrifício. E já podemos receber o sangue da nova e eterna aliança: o sangue de Cristo, pelo qual fomos resgatados, justificados, santificados e salvos.

O grupo do filho

O perdão é um grande dom, mas é o penúltimo dom, pois nos prepara para um dom ainda maior. Os cristãos não somente foram salvos *do* pecado, mas salvos *para* a filiação: a filiação divina em Cristo. Não somos apenas uns delinquentes perdoados: somos filhos e filhas que fomos adotados. Somos filhos de Deus, "filhos no Filho", e participamos da vida da Trindade.

Não há dúvida de que fomos perdoados por graça de Deus, mas não apenas perdoados; fomos adotados e divinizados: fomos feitos *participantes da natureza divina* (2 Pe 1, 4). Este é o motivo último pelo qual Deus criou a natureza humana: compartilhar o amor vivificante da Trindade.

O amor sacrificial é a lei essencial da aliança de Deus, que o homem quebrou, mas Cristo restaurou.

Com a Encarnação, Deus transformou a natureza humana numa imagem perfeita — e num instrumento — do amor da Trindade, oferecendo-a como um dom sacrificial ao Pai em nosso benefício. O Filho de Deus *tomou a forma de servo* (Fl 2, 6) para que os servos pecadores pudessem ser restabelecidos como filhos de Deus. Com palavras de Santo Atanásio, "o Filho de Deus fez-se homem para que os filhos dos homens se fizessem filhos de Deus"[4].

O efeito fundamental da confissão é, pois, possibilitar o nosso perdão para que recuperemos a vida trinitária. Como filhos por adoção, os cristãos podem "chamar a Deus de «Pai», em união com o Filho único" (*Catecismo*, n. 1997).

---

[4] *De Incarnatione*, 54, 3: PG 25, 192B; cf. J. Gross, *The Divinization of the Christian According to the Greeks Fathers*, Anaheim, Ca. A & C Publishers, 2002.

VIII
Absolvendo o herdeiro: os segredos do filho pródigo

A confissão é, pois, um assunto de família. É uma reunião familiar. É o regresso de um filho rebelde à casa da família e aos braços do Pai.

Para os cristãos, este sacramento, através da história, tem sido mais do que uma doutrina. É uma história: a história de uma queda e uma retificação, de um distanciamento e uma reconciliação. É a história da vida de todos. Mas sempre que os cristãos falam dele, falam inevitavelmente — como o fez Jesus — em termos de uma história *pessoal*, de uma história de família. Essa história é a parábola do filho pródigo (Lc 15, 11-32).

Um filho extraviado

Jesus conta-nos que um homem rico tinha dois filhos. O mais novo pediu-lhe a parte da herança que lhe cabia, mesmo antes da morte do pai, e este concedeu-lha. O filho reuniu as suas coisas e foi para um país longínquo, onde esbanjou a sua fortuna vivendo dissolutamente. Quando gastou tudo, sobreveio uma grande fome naquela região, e ele foi pôr-se a serviço de um dos habitantes, que o mandou guardar porcos. Esfomeado, desejava comer das bolotas que os porcos comiam, mas ninguém lhas dava.

Por fim, entrou em si e refletiu: *Quantos trabalhadores há na casa de meu pai, que têm pão em abundância, enquanto eu aqui morro de fome. Levantar-me-ei, irei ter com o meu pai e dir-lhe-ei: "Pai, pequei contra o céu e contra ti. Já não sou digno de ser chamado teu filho; trata-me como a um dos teus assalariados".*

E começou a longa viagem de regresso. Estava ainda longe quando seu pai o viu e, cheio de compaixão, correu-lhe ao encontro, abraçou-o e beijou-o.

O filho começou o discurso que tinha ensaiado: *Pai, pequei contra o céu e contra ti. Já não sou digno de ser chamado teu filho...* Mas o pai não o deixou terminar e, dirigindo-se aos seus servos, disse-lhes: *Trazei-me depressa a melhor veste e vesti-lha, e ponde-lhe um anel no dedo e sandálias nos pés. Trazei também um novilho gordo e matai-o; comamos e façamos uma festa, porque este meu filho estava morto e reviveu; estava perdido e foi achado.* E começaram a festa.

O filho mais velho voltava do seu trabalho no campo e, quando se aproximou da casa, ouviu a música e as danças. Chamou um dos servos e perguntou-lhe o que se passava. E quando o servo lho explicou, enfureceu-se e negou-se a entrar. O pai saiu e procurou convencê-lo, mas ele replicou: *Há tantos anos que te sirvo, sem desobedecer a nenhuma ordem tua, e nunca me deste um cabrito para festejar com os meus amigos. E agora que voltou esse teu filho, que dissipou os teus bens com meretrizes, mandas matar-lhe um novilho gordo!*

O pai explicou-lhe: *Filho, tu está sempre comigo, e tudo o que é meu é teu. Convinha fazer uma festa porque esse teu irmão estava morto e reviveu, estava perdido e foi achado.*

A história de sempre?

Ao longo de dois mil anos, os cristãos meditaram nessa história e encheram-se de assombro. Cantaram-na os poetas; os melhores artistas vazaram-na em pinturas, em mármore e em vitrais; os pregadores explicaram-na com frequência do alto dos púlpitos; o relato foi repetido, recontado, revisto e reproduzido em romances, em contos breves, em seriados de TV e em filmes. A parábola do filho pródigo é talvez uma das três ou quatro histórias mais conhecidas do mundo.

É por isso, no entanto, que deveríamos dedicar uns momentos a estudá-la mais profundamente, no seu contexto e nos seus menores detalhes. Uma história pode chegar a ser-nos demasiado familiar, tão familiar que captemos tudo menos os momentos familiares. Não ouvimos as palavras: vemos os quadros, recordamo-los da Bíblia de família ilustrada, e damos um salto até às conclusões a que tínhamos chegado quando a "ouvimos pela primeira vez" ou quando um pregador nos esmiuçava o seu sentido. Uma história familiar é a única que parece dispensar-nos de pensar.

Isto pode ser verdade para algumas histórias, mas não para as parábolas de Cristo, porque as suas histórias provêm do mesmo gênio divino que criou o universo do nada. O seu sentido é inesgotável. E nesta história temos de observar o contexto literário, histórico e cultural em que Jesus a narrou, segundo o relato de São Lucas.

Os quatro evangelhos são ricos no tema da clemência, mas nenhum se compara ao de Lucas. Só ele nos fala do "bom ladrão" que, depois de uma vida de pecado, ganhou um lugar no paraíso nos estertores da sua agonia, pendente de uma cruz ao lado de Jesus (Lc 23, 39-43). Quando Lucas nos mostra Jesus contando a parábola do filho pródigo, entra num capítulo repleto de parábolas — histórias terrenas com significado celestial — e a maior parte delas trata, de alguma forma, da compaixão.

O que pareceu ao fariseu

Que cordas tocou o ensinamento de Jesus sobre a compaixão?

O contexto imediato era o dos grunhidos dos fariseus. Sentiam-se ofendidos porque Jesus se sentava e comia com gente de má reputação: *Aproximavam-se de Jesus os publicanos e os pecadores para ouvi-lo. Os fariseus e os escribas murmuravam: "Este homem recebe e come com pessoas de má vida"* (Lc 15, 1-2). Não era a primeira vez que provocava essas críticas. Jesus tinha-lhes respondido brevemente e com dureza: *Não são os que gozam de boa saúde que precisam de médico, mas os enfermos. Não vim chamar à conversão os justos, mas os pecadores* (Lc 5, 30-32).

Os fariseus estavam de acordo com Jesus num aspecto: consideravam que as refeições de amizade eram extremamente importantes. Para os judeus piedosos, as refeições tinham um significado religioso e obedeciam a determinadas rubricas litúrgicas. Havia bênçãos para partir ritualmente o pão e talvez para compartilhar o vinho. A mera ideia de uma "refeição rápida" ter-lhes-ia parecido uma blasfêmia.

Observavam essas tradições escrupulosamente. Não permitiam que as suas refeições fossem profanadas pela presença de pecadores, gentios ou quem quer que fosse considerado "impuro" (mulheres em menstruação, por exemplo, ou todo aquele que tivesse tocado um cadáver). Essa exclusão era fundamental, não incidental, para a "identidade" dos fariseus. De todas as tradições das antigas escolas dos fariseus Hillel e Shamaí, 67% diziam respeito às refeições de amizade e de purificação. O nome "fariseu" deriva da palavra hebraica *parushim*, que significa "os separados". Mantinham-se à margem da chusma de cujas refeições Jesus participava[1].

Por outro lado, Jesus parecia comprazer-se com a companhia de "grandes multidões" (Lc 14, 25). Falava metaforicamente de um homem rico que, tendo organizado um banquete ao qual a "melhor" gente — proprietários de terras, profissionais e comerciantes — se recusou a comparecer, ordenou ao seu servo que fosse em busca dos marginalizados pela sociedade: *Sai pelos caminhos e atalhos e obriga todos a entrar, para que se encha a minha casa* (Lc 14, 23).

Perdido e achado

Os fariseus murmuravam: *Este homem recebe os pecadores e come com eles!* Como as respostas simples e diretas não surtiam efeito, Jesus respondeu nessa ocasião contando três parábolas, como lemos no capítulo XV de São Lucas: a parábola da ovelha perdida, a da moeda perdida e a do filho pródigo.

---

[1] Cf. T. Kazen, *Jesus and Purity "Halakhah": Was Jesus Indifferent to Impurity?*, Estocolmo, Almqvist & Wiksell, 2002; J. Neusner, *The Rabinic Tradition about the Farisees Before 70*, University Press of America, 1999, pp. 291-294. Cf. também São Tomás de Aquino, *Summa Theologica I-II*: 102, 5, 4: "A razão figurativa dessas impurezas era a de que por elas se significavam diversos pecados. Com efeito, a impureza dos cadáveres significava a do pecado, que é morte da alma. A impureza da lepra era a impureza da doutrina herética, porque a heresia é contagiosa como a lepra".

Em cada uma dessas parábolas, o bem perdido é valioso. Pensemos na ovelha. Nas terras em que Jesus pregava, os habitantes dependiam das ovelhas para a lã, para o alimento e para o sacrifício ritual. Para um pastor, a perda de uma ovelha significava também a perda das economias de vários anos. E o pastor deixa as noventa e nove para ir em busca da tresmalhada. Pensemos também na moeda perdida. Era uma dracma, que representava o salário diário de um trabalhador. Para a protagonista da parábola, uma dracma perdida significaria dias sem comida.

Mas quem pode avaliar a perda de um filho?

A história do filho pródigo começa numa família: um pai e os seus dois filhos. Estão unidos pelos laços do sangue, mas mais ainda pelo laços da aliança. É a ordem da aliança — a lógica da aliança — que envolve a parábola e a estrutura do drama.

O pedido do filho mais novo era estranho. Considerava-se inusitado e mesmo vergonhoso que um filho pedisse a sua herança por adiantado, como se não tivesse paciência para aguardar a morte do pai. O livro de Sirac — também conhecido como *Eclesiástico* —, escrito pouco antes da vida de Jesus, estabelecia o tempo adequado para se receber uma herança: *No fim da tua vida, no momento da morte, distribuirás a tua herança.* (Eclo 33, 23). O filho que adiantava esse dia parecia pelo menos desrespeitoso.

O pai, porém, acedeu ao pedido do filho, e o jovem, comportando-se como se o seu pai já estivesse morto, foi-se. Não perdeu o tempo: reuniu as suas coisas e abandonou a família. Não devemos deixar passar por alto o significado deste *foi para um país longínquo* (Lc 15, 13). Ao partir da terra familiar, situava-se fora da aliança, abandonando os costumes do seu povo e esquecendo-se do Deus de seus pais. Optou por viver como um gentio.

Assim o confirma a sua conduta posterior. Jesus resume-a com a expressão *vivendo dissolutamente* (Lc 15, 13). Sem pai que o vigiasse, o jovem satisfez os seus desejos desordenados, cada vez mais corrompidos. Pelo irmão mais velho, ficamos a saber que os primeiros beneficiários da prodigalidade do jovem foram as meretrizes (Lc 15, 30).

À ruína moral do filho mais novo seguiu-se a ruína econômica, que se produziu quando um período de fome assolou o país em que passara a viver. Depois de meses em que satisfizera todos os seus caprichos, agora não era capaz de satisfazer as suas necessidades básicas. Passava fome. Aceitou o único trabalho que pôde conseguir, o trabalho mais aviltante que um judeu podia imaginar: cuidar de uma vara de porcos, guardar os animais mais imundos de todos (Lv 11, 7), tão desesperada era a situação em que se encontrava.

Além disso, verificou que a sua sorte era pior que a dos porcos, que ao menos comiam a intervalos regulares. Ninguém teve uma preocupação semelhante pela sua comida. Desejava saciar a sua fome com as bolotas que atiravam aos porcos, mas não lhas davam.

De volta para casa

A ruína moral e econômica do jovem coincidiu com um período de fome na região. A coincidência não foi casual. Diria que foi providencial, porque só aquela fome pôde dar lugar à conversão do filho. O que o levou a pôr-se a caminho da casa paterna não foi um cálido surto de nostalgia: foram a fome, a vergonha e o medo de morrer. Quando caiu em si, compreendeu que era melhor viver como um escravo em casa de seu pai do que morrer em terra estranha como escravo da sua sensualidade. Enquanto ele suspirava pela ração dos porcos, os mais humildes servos da sua casa *tinham pão em abundância* (Lc 15, 17).

Assim começou o regresso, e a longa viagem pareceu-lhe ainda mais demorada por causa do seu estômago vazio.

Seu pai viu-o quando ainda estava longe. Como pôde ser, senão porque tinha estado sempre à espera do regresso do filho perdido?

Então fez algo insólito: correu ao encontro do filho. Para a cultura da época, esse gesto era praticamente um tabu: era quase impensável que um homem da sua condição corresse. Mas aquele ancião deixou de lado a sua categoria e dignidade e, correndo, abraçou o filho e cobriu-o de beijos[2]. Abraçou o filho. A frase grega é mais evocativa: *lançou-se-lhe ao pescoço* (Lc 15, 20).

O filho começou a fala que tinha preparado, mas, após umas poucas palavras, o pai deu-se por satisfeito. *Pai, pequei contra o céu e contra ti*. A contrição do filho era imperfeita, não ia muito além do desejo de matar a fome e deitar-se numa boa cama. Mas foi suficiente, porque tinha voltado para casa e reconhecido o seu pecado.

Orígenes, um comentarista do século III, observa que o pai só levou o filho para casa depois de este ter demonstrado a sua contrição e confessado a sua culpa. "Não teria acrescentado o pecado *contra o céu* se não

---

2 Cf. K. Bailey, *The Cross and the Prodigal: The 15th Chapter of Luke Seen through the Eyes of Middle Eastern Peasant*. St. Louis, Concordia, 1973, pp. 54-51.

pensasse que o céu era a sua pátria e que tinha feito mal em abandoná-la. Foi essa confissão que fez o pai mostrar-se bem disposto para com ele"[3].

De repente, um pecado que tinha sido mortal — um pecado que tinha acabado com a filiação do filho, com a sua herança e a sua vida familiar — ficou instantaneamente perdoado, absolvido, apagado, porque *este meu filho estava morto e reviveu* (Lc 15, 24).

O respaldo de um anel

É uma história notável, numas poucas linhas do Evangelho. Mas nela está tudo: a lei do pecado, a linha descendente da espiral da concupiscência, a mente ainda mais obscurecida; a mortalidade do pecado grave, a "morte" moral do filho; a severa misericórdia da providência divina: as calamidades; e a boa disposição de Deus que sai ao encontro dos pecadores enquanto estão ainda a meio caminho da verdadeira contrição.

Que recebe o filho depois de reconciliar-se com o pai? A melhor veste, um anel para a mão, sandálias para os pés e um banquete em sua honra (Lc 15, 22--23). Cada um desses presentes tem um enorme valor simbólico. O anel é o emblema da aliança familiar para a qual o filho voltou. Juntamente com a veste, é um sinal da sua participação na autoridade do pai (vejam--se os surpreendentes paralelismos em Gn 41, 42; Ex 3, 10; 1 Mc 6, 15). As sandálias são o distintivo de um homem livre, pois os servos da casa normalmente andavam descalços. Apesar de o filho ter optado por ser um escravo das suas paixões e depois dos seus senhores

---

[3] Orígenes, *Homilias sobre São Lucas*.

pagãos, e de ter pedido para ser um escravo na terra dos seus antepassados, o pai não o atendeu. O jovem não se tinha libertado da escravidão pagã simplesmente para gozar de uma escravidão melhor. Tinha sido libertado para a filiação; e se é um filho, então é um herdeiro, que compartilha da autoridade paterna.

Mas primeiro tem de participar da vida do pai, e portanto participar da sua mesa! O relato leva-nos do caminho à sala do banquete, da confissão à festa, do distanciamento à filiação. A palavra grega usada com maior frequência para essa filiação é *koinonia*, que algumas vezes traduzimos por "comunhão". O pai restabelece o seu filho na comunhão, no lugar onde todos *têm pão em abundância*.

Que podemos dizer do pai pródigo? Sem a menor dúvida: *Este homem recebe os pecadores e come com eles!*

O irmão mais velho vigia-te

Não devemos esquecer, no entanto, que neste drama há uma terceira figura. E se a parábola se dirige primordialmente aos fariseus, essa personagem é talvez a mais importante. Assim o penso, e frequentemente tenho chamado a esta história a parábola do irmão mais velho.

Acontece que a atitude desse irmão mais velho reflete a atitude dos fariseus (Lc 15, 2), pois achavam que, se Deus aceitasse os pecadores, violaria a justiça da aliança. Pensemos por um momento na fórmula clássica de um juramento de aliança:

> *Tomo hoje por testemunhas o céu e a terra de que pus diante de vós a vida e a morte, a bênção e a maldição. Escolhe,*

pois, a vida, para que vivas com a tua posteridade, amando o Senhor, teu Deus, obedecendo à sua voz e permanecendo unido a Ele. Porque nisto está a tua vida e a longevidade dos teus dias na terra que o Senhor jurou dar a Abraão, Isaac e Jacó, teus pais (Dt 30, 19-20).

Por definição, são pecadores os que violaram o seu juramento, transgrediram a lei, escolheram a morte e perderam o direito de viver na pátria como filhos e herdeiros. Por esta definição, o filho pródigo é um grande pecador que mereceu toda a força da maldição.

O irmão mais velho, tal como os fariseus, enoleriza-se perante o que considera uma injustiça; e, tal como os fariseus, não pode compreender a lógica da aliança do amor.

É verdade que a violação de uma aliança tem consequências, mas também há um caminho para voltar de novo para casa. A aliança é um vínculo familiar, não uma condição de escravidão. Uma aliança violada pode ser restaurada e renovada.

O problema do irmão mais velho (como dos fariseus) é que não pensa em termos de família, mas de escravidão. Embora tivesse trabalhado sem parar, fê-lo com a triste disposição de um escravo, limitando-se a obedecer às "ordens" do seu amo (Lc 15, 29). Ao contrário do seu irmão mais novo, nunca se dirige ao ancião como "pai", mas como "você". Também não se refere ao jovem como "irmão", mas apenas como "esse teu filho". E ainda que inveje a festa organizada para esse irmão, não deseja um banquete familiar, mas uma festa com os seus amigos, *um cabrito para festejar com os meus amigos* (Lc 15, 29). Esta é a linguagem da escravidão, não da filiação[4].

O eterno problema

Jesus dirigiu a parábola a uns homens — os fariseus — que desejavam ver cumprida uma Lei quase impossível e queriam torná-la ainda mais difícil.

Mas o problema não é característico apenas do irmão mais velho, nem dos fariseus ou de qualquer outro grupo. É o nosso problema, o problema de todos os povos e de todos os tempos. É o pecado incessante do justo que se orgulha da sua retidão, dos que reivindicam o mérito das suas obras e pretendem impor a Deus a obrigação de corresponder. É uma perversão da aliança, e tão generalizada na Nova Aliança como na Antiga.

A maioria das heresias que se deram no seio da Igreja foram erros de hiper-pureza, não de hiper-relaxamento. No século III, os montanistas escandalizaram-se com a conduta negligente de alguns clérigos e isolaram-se, separaram-se dos pecadores. Pouco tempo depois, os donatistas consideraram que a Igreja era demasiado indulgente ao readmiti-los e decidiram admitir à sua Eucaristia unicamente os que eles convidavam. Todos

---

4   Cf. João Paulo II, *Cruzando o limiar da esperança* (Livraria Francisco Alves, Rio de Janeiro, 1994): "Pode-se pensar — e não faltam provas — que o paradigma de Hegel do amo e do escravo está mais presente na consciência do homem de hoje do que a Sabedoria, cujo princípio é o temor filial de Deus. Do paradigma hegeliano nasce a filosofia da prepotência. A única força capaz de fazer frente eficazmente a essa filosofia está no Evangelho de Cristo, no qual a relação amo-escravo é radicalmente transformada na atitude pai-filho. *A atitude pai-filho é uma atitude permanente.* É mais antiga que a história do homem. Os raios de paternidade contidos nela pertencem ao Mistério trinitário do próprio Deus, que irradia dEle para o homem e para a sua história [...]. *O pecado original tende a abolir a paternidade* [...], pondo em dúvida a verdade de Deus, que é Amor, e deixando apenas a consciência de amo-escravo".

esses hereges mais puros que ninguém (e muitos outros) achavam escandaloso o desejo da Igreja de *receber os pecadores e comer com eles*. Em vez de procurarem uma comunhão sempre maior, escolheram a senda do separatismo, do exclusivismo e da divisão, o caminho escolhido tanto tempo antes pelos fariseus.

A Igreja, em seguimento de Cristo, não acolheu essa doutrina. Esta é a razão pela qual nós, os católicos, afirmamos, com palavras do nosso Credo, a nossa fé na "remissão dos pecados". Afirmamo-la porque sempre haverá alguém que a negue.

Sem temor

O drama da parábola desenrola-se entre a escravidão e a filiação, entre a exclusão da mesa da amizade e a confissão e a comunhão. O pai deixa de lado a sua grandeza e a sua dignidade para humilhar-se, participando da condição do seu filho para que esse filho possa compartilhar novamente uma eminente vida familiar. Esse foi o comportamento do pai pródigo, e esse foi o comportamento do próprio Deus, que se encarnou para que o homem pudesse ser deificado, para que "possamos participar da divindade dAquele que se humilhou participando da nossa humanidade".

Não estamos perante uma história antiga e remota: é a nossa própria história, como foi a de São Paulo, que escreveu o que bem poderia ser um comentário sobre a parábola de Jesus: *Porquanto não recebestes um espírito de escravidão, para viverdes ainda no temor, mas recebestes o espírito de adoção pelo qual clamamos: "Abbá, Pai". O próprio Espírito dá testemunho ao nosso espírito de que somos filhos de Deus. E, se filhos, também herdeiros:*

herdeiros de Deus e coerdeiros de Cristo, contanto que soframos com Ele, para com Ele sermos também glorificados (Rm 8, 15-27).

Deus continua a encontrar-se conosco a meio do caminho do arrependimento. Encontra-se de uma vez para sempre na Encarnação e encontra-nos no confessionário. E assim pode conduzir-nos à sua mesa, onde nos é servido o Pão da vida: *pão em abundância.*

IX
Exilados na rua principal: não é um verdadeiro isolamento do lar

Cada um de nós é o filho pródigo de Deus. Fugimos de casa e malbaratamos os dons que o nosso Pai-Deus nos ofereceu generosamente. Com a nossa escolha, preferimos as seduções de uma terra estranha ao amor e à liberdade de que os filhos gozam na casa de seus pais. Tudo isso aconteceu cada vez que caímos em pecado. Como também aconteceu cada vez que, voltando ao lar paterno, nos dispusemos a aproximar-nos do sacramento da penitência.

Cada vez, sim. Porque, à diferença do filho pródigo, tornaremos a pecar e de novo teremos de voltar para casa. Não experimentaremos o nosso regresso *definitivo* senão no momento da nossa morte, coisa que idealmente deveria acontecer pouco depois da nossa última confissão.

Até esse momento, temos de viver a nossa vida num "país longínquo", delicioso para os sentidos e cheio de coisas atrativas, tão delicioso que poderia fazer-nos esquecer a nossa pátria. Uma vez mais, somos como o filho pródigo. Graças à bondade do nosso Pai, pudemos ir até esse país longínquo, ao qual não teríamos chegado se Ele não nos tivesse pago a viagem com a Sua riqueza. Mais ainda: vamos sobrevivendo nesse país porque, além de nos ter criado, Ele criou esse mundo onde vivemos e no qual mantém a nossa existência.

Não deveríamos viver como bons filhos desse Pai, por mais longe que estejamos de casa e apesar de Ele não nos obrigar a isso?

A verdade dos forasteiros

Durante a sua vida na terra, os cristãos vivem exilados. Um autor anónimo do século II exprimia-o assim: "[Os cristãos] vivem em cidades de gregos e bárbaros [...], seguem os costumes nativos quanto ao alimento, roupa e outras coisas da vida [...], residem no seu país de origem. Mas somente como estrangeiros. Partilham do que lhes cabe como cidadãos e suportam todas as opressões como forasteiros. Todo o país estrangeiro lhes é pátria, e toda a pátria lhes é estranha" (*Epístola a Diogneto*, 5).

Deus fez-nos para o céu, mas fez-nos na terra. Agora, o céu está separado de nós, não por um espaço de anos-luz, mas pelos nossos pecados. Mas só conheceremos os consolos da nossa casa celestial quando chegarmos fielmente ao termo das nossas andanças e nos tivermos purificado dos nossos pecados. De um modo ou de outro, vivemos no exílio até esse dia.

Mesmo assim, o nosso Pai-Deus criou o nosso lugar de exílio, e é um bom lugar. Criou o mundo de tal modo que as suas delícias — ainda que nunca nos possam satisfazer completamente — nos recordassem o nosso autêntico lugar no céu. Todos os bens terrenos são manifestações das perfeições celestiais. Um escritor espiritual explicava-o assim:

> A beleza, a bondade, a verdade, todas as excelências contidas nas criaturas [...] estão infinitamente multiplicadas nas ilimitadas bondades de Deus. Glorificamos

a Deus através das criaturas quando as vemos como mostras ou chispas da beleza e da bondade divinas, e portanto como degraus e meios para nos aproximarmos de Deus e amá-lo como origem de todo o bem criado. Assim, este amor de Deus, bem supremo, abarca todas as criaturas que usamos, tocamos ou manejamos [...]. Não as busquemos como nossa meta final, não ponhamos a nossa felicidade nelas, pois são meio de amar Aquele que é o nosso bem autêntico e definitivo, a nossa alegria e a nossa plena realização[1].

Deus projetou todas as coisas deste mundo de modo a que, pela sua incapacidade de satisfazer-nos, nos impelissem para o céu.

Era o que deviam ser, mas não o fazem *necessariamente*, porque somos homens e mulheres, não animais nem árvores. Não alcançamos a nossa meta instintivamente, como os esquilos, os leões e os cães, ou como os vulcões, os continentes e as estrelas: a razão e a natureza indicam-nos o que é melhor para nós, mas ainda somos livres de decidir de outro modo. Um médico ou um confessor poderão dizer-nos explicitamente e com toda a clareza o que devemos fazer, mas mesmo assim

---

[1] J. J. Hugo, *Your Ways Are Not My Ways*, Pittsburg, Encounter with Silence, 1984, p. 113. Cf. Santo Agostinho, *De Doctrina Christiana*, 4: "Suponhamos, pois, que vagueamos por um país desconhecido e não podemos ser felizes longe da nossa pátria; sentimo-nos infelizes e procuramos pôr fim ao nosso desgosto decidindo regressar ao lar. Vemos, porém, que temos de servir-nos de algum meio de transporte, seja por terra ou por mar, para chegarmos a essa pátria onde começaremos a ser felizes. Mas a beleza do país pelo qual passamos e o prazer da caminhada cativam o nosso coração, e, convertendo todas essas coisas que temos de usar em objeto de gozo, não queremos apressar o final da nossa viagem. Dedicando-nos por inteiro a esse país, [...] os nossos pensamentos desviam-se por completo daquele lar cujas delícias nos fariam realmente felizes. Aqui temos uma imagem da nossa condição nesta vida mortal. Vagueamos longe de Deus. [...] Quer isto dizer que, por meio do material e temporal, podemos afastar-nos do espiritual e eterno".

podemos optar por outra coisa. Aqui reside o problema da nossa concupiscência, que fere a nossa inteligência e a nossa vontade.

As delícias deste mundo têm um poder que nos enfeitiça. Retamente orientadas, poderiam estimular o nosso desejo de Deus. Mas, por causa da nossa concupiscência, tendemos a desenvolver apetites desordenados pelos bens terrenos. Desejamo-los mais do que realmente nos são necessários e acabamos por viciar-nos neles. Escolhemo-los automaticamente como bons para nós: preferimos pecar a deixar de satisfazer um desejo terreno.

A clássica definição de pecado é "afastar-se de Deus e voltar-se para as criaturas". Não é que as criaturas sejam más; são muito boas, porque foram criadas por Deus. Mas escolhemos mal quando decidimos comprazer-nos nelas mais do que em amar a Deus, em fazer a sua vontade e obedecer aos seus mandamentos. Colocar as criaturas em lugar de Deus é o que os nossos antepassados chamavam *idolatria*. Qualquer pecado é, de algum modo, uma forma de idolatria: é preferir a criatura ao Criador, o dom ao Doador.

Este mundo é tão delicioso que nos é fácil "satisfazer os nossos gostos" nos nossos fugazes momentos terrenos e esquecer o nosso destino eterno. Esquecemos que vivemos exilados, longe de casa, e desejamos instalar-nos comodamente nesta terra sem nos importarmos com o que essa nova cidadania nos pode custar.

Caminhar como um egípcio?

Não é por mero acaso que a história do plano de salvação volta com frequência aos relatos do êxodo, do exílio, da peregrinação e dos deslocamentos sem rumo fixo.

Adão e Eva foram expulsos do jardim do Éden (Gn 3, 23-24). Caim, em consequência do seu fratricídio, teve que abandonar a sua casa e viver fugitivo e errante pela terra (Gn 4, 12-14). Noé, por culpa dos pecados do mundo, teve que zarpar numa embarcação enquanto as águas cobriam a terra (Gn 9). Os habitantes de Babel levantaram-se contra Deus e Ele *dispersou-os por toda a face da terra* (Gn 11, 8). Abraão vivia prosperamente em Ur da Caldeia até que Deus o chamou para que empreendesse uma incerta viagem para uma terra distante (Gn 12, 1).

O povo de Deus está sempre *en route*. Não parará ao longo de toda a sua vida terrena. Eles, e nós, ou avançamos para Deus e para a terra prometida na nossa peregrinação, ou caminhamos à deriva, deambulando ou fugindo para outro lugar.

Os primeiros cristãos viam esses acontecimentos históricos como símbolos ou "tipos" de realidades espirituais. A escravidão israelita no Egito representava a situação da humanidade escravizada pelo pecado. Os israelitas não podiam libertar-se por esforço próprio. Deus teve que libertá-los milagrosamente. E, apesar disso, o povo eleito viu-se obrigado a dominar muitos inimigos de fora e de dentro, pois ao longo de 430 anos (Ex 12, 40), mesmo o melhor dos israelitas tinha assimilado em excesso a cultura egípcia, adotando hábitos de pensamento, de corpo e de espírito que era preciso vencer. Foi por essa única razão que Deus os mandou sacrificar determinados animais que o pagão Egito considerava divinos.

Esses sacrifícios dos israelitas constituíam uma violenta rejeição das antigas infidelidades cometidas por eles quando tinham adotado as superstições dos seus captores. Deus sabia que era difícil erradicar uns costumes adquiridos ao longo dos séculos. E impôs a Israel uma lei exigente que prescrevia minuciosamente costumes novos em matéria de alimentação, higiene, sexo e culto[2].

Foi difícil ao povo eleito seguir o novo caminho. Para muitos, caminhar sem rumo pelo deserto durante anos era pior do que os séculos de opressão e de trabalhos forçados no Egito. Crescia neles a nostalgia pelos tempos de escravidão, onde pelo menos tinham a barriga cheia. *Quem nos dará de comer? Estávamos melhor no Egito!* [...] *Por que saímos do Egito?* (Nm 11, 18-20).

Os israelitas não abandonam o bezerro

Não se limitaram a protestar por causa do estômago. Construíram uma imagem de ouro de Apis, um bezerro, o deus egípcio da fertilidade, e organizaram uma orgia no deserto (Ex 32, 1-6).

Israel tinha em si próprio o seu pior inimigo, mas não era o único. A caminho da terra prometida, tiveram

---

2   Cf. M. Aberbach e L. Smolar, "The Golden Calf Episode in Post-Biblical Judaism, *Hebrew Union College Annual 39* (1068), pp. 91-116; P. C. Bori, *The Golden Calf and the Origins of the Anti-Jewish Controversy*, Scolar Press, 1990: Scott Hahn, "Kinship by Covenant: A Biblical Theological Study of Covenant Types and Texts in the Old and New Testament", Marquette University, Ann Arbor, Mich, UMI, 1995, pp. 44-51; São Tomás de Aquino, *Summa Theologica* I-II, 102, 3: "Outra causa dos sacrifícios foi que por eles os homens se retrairiam de sacrificar aos ídolos. Por isso, os preceitos sobre os sacrifícios só foram dados ao povo hebreu depois de se ter mostrado propenso à idolatria, adorando o bezerro de ouro fundido".

que conquistar sete importantes nações que se opunham ao seu avanço.

Segundo os Padres da Igreja, tudo isso se assemelha à situação da humanidade. Nós nascemos escravos, e essa é a razão pela qual o período de servidão de Israel no Egito constitui um retrato da alma vítima do pecado original. E também por isso a travessia do Mar Vermelho é um símbolo do Batismo (1 Cor 10, 1-4), por meio do qual Deus nos livrou do pecado original.

Mas continuamos a sofrer os efeitos desse pecado por força da concupiscência, que persiste e que torna difícil abandonarmos os nossos atos pecaminosos. E se queremos libertar-nos da terra do nosso exílio, temos de combatê-la, sacrificando nas nossas vidas as coisas criadas que os pecadores tendem a converter em ídolos.

Temos necessidade de dominar-nos para resistir à tentação. Temos necessidade de exercitar-nos na luta contra o mundo, a concupiscência da carne e o demônio. Os Padres da Igreja ensinavam que, tal como os israelitas, também nós temos de conquistar "sete nações" antes de podermos alcançar a terra prometida do céu. Essas sete nações pagãs simbolizam os sete pecados capitais: a soberba, a ira, a gula, a luxúria, a preguiça, a inveja e a avareza.

O povo cativo

Segundo os primeiros cristãos, existe um outro grande acontecimento histórico que simboliza a humanidade pecadora. É o cativeiro da Babilônia. Embora esse exílio tenha sido muito mais breve que o do Egito, não foi menos nocivo para o modo de vida dos judeus.

Aproximadamente no século IV a. C., o povo eleito estava debilitado e dividido por muitas gerações de guerras civis. O rei da Babilônia, Nabucodonosor, não teve muitos problemas para conquistar a terra de Judá e convertê-la num estado vassalo. Esvaziou o país dos seus cidadãos mais brilhantes e deportou-os para o seu reino a fim de que o servissem. Lá trabalharam bem e foram respeitados e recompensados. Muitos judeus se casaram com mulheres da Babilônia. Muitos comerciantes aprenderam novos métodos dos colegas babilônicos. O povo judeu fez grandes progressos, por exemplo em astronomia, no ramo bancário e na técnica de cunhar moeda.

O povo eleito prosperou na terra do seu cativeiro, talvez demasiado, porque alguns começaram a perder a vontade de regressar a Judá. Tinham crescido afeitos à linguagem da terra, às suas ruas e costumes. Uma vez mais, tal como no Egito, começaram a afrouxar na sua observância religiosa e adotar o modo de vida dos seus captores. Os que permaneciam fiéis ao Deus de Israel tinham de lutar muito contra a corrente, amaldiçoando-se a si mesmos por se encontrarem comodamente instalados no cativeiro:

> *Se eu me esquecer de ti, Jerusalém,*
> *que a minha mão direita se paralise.*
> *Que a minha língua se pegue ao paladar*
> *se eu não me lembrar de ti, Senhor,*
> *se não puser Jerusalém acima das minhas alegrias.*
>   (Sl 137, 5-6)

O exilado fiel nega-se a buscar até mesmo os consolos legítimos, pelo temor de suavizar a dor da separação do lar. Chega ao ponto de privar-se da satisfação de cantar o seu cântico favorito junto dos rios da Babilônia (Sl 137, 1). Assim como a escravidão do Egito era um símbolo do pecado original, o cativeiro da Babilônia significava, para os Padres da Igreja, o pecado atual[3].

Uma coisa é ter nascido no Egito como uma criança israelita, e outra muito diferente ter sido exilado para a Babilônia como consequência direta do pecado atual. O cativeiro na Babilônia prolongou-se devido a uma opção dos cativos. Viviam com as necessidades materiais satisfeitas numa terra pagã, e com isso esqueciam o que significava serem livres na sua pátria. Por que haviam de trocar a sua prosperidade, segurança e conforto pela tarefa dura e arriscada de reinstalar-se em Jerusalém e reedificá-la?

Por que, também, os pecadores têm de renunciar à fraude — na declaração do imposto de renda, por exemplo —, quando esta lhes traz tantos benefícios? Por que havemos de renunciar à gula, quando temos ao alcance da mão as melhores iguarias? Por que renunciarmos à ira, quando nos vêm à mente com tanta facilidade os modos mais engenhosos de humilhar os que nos ofendem?

Pode ser cômodo viver em pecado, mas o conforto da Babilônia tem um preço: a nossa liberdade, a nossa cidadania e a nossa herança.

---

3   Cf. J. Corbon, *Path to Freedom: Christian Experiences and the Bible*, Nova York, Sheed and Ward, 1969, p. 172: "O período do cativeiro na Babilônia é análogo ao período da escravidão no Egito. Historicamente, é uma simples repetição, pelo poder do Leste, dos padrões estabelecidos pelo poder no Oeste. Mas há uma significativa diferença teológica. Durante o período de escravidão no Egito, o Povo de Deus ainda se mostrava amorfo. Quando parte do Egito, liberta-se da primeira escravidão, tal como nós somos libertados do pecado original pelo Batismo. Mas durante o cativeiro na Babilônia, Israel caiu na escravidão das suas próprias faltas, assim como nós somos escravos do nosso próprio pecado pessoal".

Futuras vantagens

Adúlteros! Não sabeis que o amor do mundo é abominado por Deus? Todo aquele que pretende ser amigo do mundo constitui-se em inimigo de Deus (Tg 4, 4).

Vivemos exilados neste mundo e nunca devemos perdê-lo de vista. Nunca devemos esquecer quem somos, de onde viemos e para onde vamos. Devemos viver na terra, mas devemos viver *para* o céu.

Como o povo eleito, devemos "condenar à morte" a idolatria que permanece em nós. Tal como os cativos da Babilônia, devemos renunciar não só aos prazeres pecaminosos, mas numa certa medida aos prazeres legítimos, que podem servir de isca para cairmos nas ciladas do mundo.

Foi por isso que Jesus ensinou o jejum aos seus discípulos; foi por isso que os Apóstolos continuaram a jejuar depois da ascensão de Jesus aos céus; é por isso que a renúncia ao eu tem sido sempre o selo do autêntico cristianismo e é o núcleo dos quarenta dias da Quaresma todos os anos.

Foi também por isso que Jesus pôde dizer nas Bem--aventuranças: *Bem-aventurados os pobres... Bem-aventurados os que agora passais fome... Bem-aventurados os que agora chorais... Bem-aventurados sereis quando os homens vos odiarem e vos expulsarem, vos insultarem e proscreverem o vosso nome como maldito* (Lc 6, 20-23). Todas essas calamidades, acrescentou, serão motivo de alegria.

Não devemos esquecer o surpreendente valor destas palavras de Jesus. Depois de mais de vinte séculos de pregação cristã, continuam a ser uma inversão radical dos valores do mundo. Tal como o sacrifício dos animais sagrados do Egito, as Bem-aventuranças são uma "inversão das normas"; põem de patas para cima as nossas expectativas. Nós pensamos instintivamente que o empobrecimento, a fome, a aflição e a calúnia são uma *maldição*. Mas Jesus apresenta todas essas circunstâncias como uma bênção[4].

O sofrimento ensina-nos a desprender-nos dos bens deste mundo e desse modo liberta-nos para nos prendermos aos bens do céu. Isto é assim, tanto em relação ao sofrimento desejado ativamente (como no caso do jejum, de uma vigília ou de uma peregrinação) como ao sofrimento suportado passivamente (como no caso de uma dor de dentes, de uma tormenta ou do atraso de um trem). O sofrimento habilita-nos a dizer com São Paulo: *Tudo isso que para mim eram vantagens, considerei-o perda por Cristo. Na verdade, tenho por perda todas as coisas em comparação com o sublime conhecimento de Jesus Cristo, meu Senhor. Por ele, tudo desprezei e tenho na conta de esterco, a fim de ganhar Cristo* (Fl 3, 7-8).

Todas as coisas criadas são boas porque Deus as criou. Mas mesmo os maiores prazeres — sexo, livros, chocolate, café, vinho — nos levam para mais perto do lixo ou das cloacas que de Deus!

Um teste para os bem-aventurados

Quando amadurecemos no desprendimento das coisas, fazemo-nos (com a ajuda de Deus) senhores dos nossos desejos e encaminhamos esse senhorio para

---

[4] Sobre a noção da "inversão das normas", aplicada ao propósito divino de exigir de Israel que sacrificasse precisamente os animais que os egípcios consideravam sagrados, cf. J. Assmann, *Moses the Egyptian*, Cambridge, Mass., Harvard University Press, 1997, p. 31; S. Benin, *The Footprints of God*, Suny Press, 1993; S. Hahn, *A Father Who Keeps his Promises*, pp. 282-284.

Deus. A disciplina e a graça de Deus curam a inteligência e a vontade dos efeitos da concupiscência. Podemos começar a ver as coisas com clareza.

E quanto mais claramente vemos, melhor podemos enfrentar as tentações diárias de afastar-nos de Deus e voltar-nos para as coisas criadas. Compreendemos que, entre escolher Cristo ou o lixo, só há uma escolha sensata e racional.

São poucas as pessoas que vivem tão desprendidas que possam ver as coisas continuamente deste modo, mas isso é o que Deus deseja de cada um de nós, e não o negará a quem lho peça e esteja desejoso de receber a graça, a bênção.

Quando enfrentamos uma escolha entre o sofrimento e o pecado, enfrentamos um juízo, um teste, uma prova terrível, tal como Adão, ou os israelitas no deserto, ou os judeus na Babilônia. Se escolhemos um bem-estar momentâneo, estabilidade e segurança em vez do amor eterno, Deus respeita a nossa escolha. Mas se escolhemos um sofrimento momentâneo em vista do amor eterno, estamos mais perto da felicidade da pátria, do céu. Somos mais semelhantes a Deus no seio do próprio Deus.

Se queremos alcançar o nosso destino, se desejamos chegar um dia à casa do céu, temos, pois, que desprender-nos dos nossos laços terrenos e voltar diretamente para a tutela de Deus. Enquanto não quebrarmos esses laços, a nossa conversão não será definitiva.

Sem bezerro

Esse sacrifício nunca é fácil. Lembremo-nos do que víamos no capítulo II: o israelita que oferecia um sacrifício tinha que dominar a vítima animal, matá-la, estripá-la, despedaçá-la e entoar alguns hinos. A maioria dos sacrifícios que nós fazemos não são tão sangrentos, mas não devemos esperar que sejam mais fáceis. Pode ser mais simples dominar um touro do que um corpo subjugado pela concupiscência. Agora como então, o sacrifício requer esforço, energia, gasto e tempo.

O sacrifício de animais em Israel era sinal e antecipação do sacrifício futuro. Foi por isso que, quando veio ao mundo, Cristo disse: *Não quiseste sacrifício nem oblação, mas formaste-me um corpo* (Heb 10, 5). Nós também temos de oferecer os desejos do nosso corpo, as comodidades e os prazeres, em sacrifício pelos nossos pecados e por amor de Deus.

O meu sacrifício, ó Deus, é um espírito contrito, um coração contrito e humilhado (Sl 51, 17). Se começarmos por este ato de contrição do fundo da alma, a graça de Deus fará o resto.

E se tivermos alguma dúvida sobre o melhor lugar para começarmos esse sacrifício, procuremos o confessionário mais próximo. Sem o sacramento da confissão, a conversão será possível, mas árdua. A graça do sacramento facilita-nos o caminho.

X
A dor e os frutos: os segredos da penitência vencedora

Na maioria dos documentos da Igreja, a confissão recebe o nome de sacramento da penitência. Embora usemos esses dois nomes indistintamente para designar o sacramento, não são termos sinônimos. *Confissão* é o ato pelo qual se relatam os pecados. *Penitência* indica duas coisas: uma atitude e uma ação. Vimos atrás o significado da palavra confissão. Vejamos agora o significado da palavra penitência.

Considerada como atitude, a penitência descreve a detestação dos pecados pessoais. Neste sentido, é uma condição essencial para a confissão sacramental. Se temos de pedir perdão dos nossos pecados, temos de algum modo que detestá-los.

Odiar o delito

Quando a nossa atitude penitente é perfeita — quando aborrecemos os nossos pecados por termos ofendido a Deus, a quem amamos —, confessamos os nossos pecados com autêntica contrição.

No entanto, é frequente que misturemos outros motivos para odiar as nossas culpas. Odiamo-las porque nos envergonham, ou porque nos fazem sentir mal, ou porque tememos o castigo, ou porque produziram efeitos daninhos no nosso corpo, na nossa mente, nas nossas finanças ou nas nossas relações. Este aborrecimento imperfeito dos nossos pecados recebe o nome de atrição e é suficiente para uma confissão válida, embora devamos lutar por uma penitência mais perfeita.

Quando a atitude penitente é habitual, dizemos que essa penitência é uma virtude. É uma virtude que integra a vida cristã, e é uma graça que temos de pedir. Mas devemos esforçar-nos também por crescer nessa virtude realizando atos de penitência, tal como crescemos nas virtudes da bondade, da coragem e da laboriosidade repetindo pequenos atos dessas virtudes. Então a virtude da penitência chega a ser uma parte da nossa vida diária, um habitat natural e sobrenatural para o sacramento que compartilha o mesmo nome.

Neste sentido, os atos de penitência não se limitam às confissões sacramentais. Incluem qualquer sacrifício oferecido em reparação dos nossos pecados ou dos pecados alheios. No capítulo anterior, mencionávamos o jejum, as vigílias e as peregrinações, mas há muitos mais. Na realidade, o cristão que cultiva a virtude da penitência está sempre disposto a fazer sacrifícios pelos outros, sacrifícios que na maioria dos casos serão silenciosos e vulgares: são essas ocasiões em que nos dispomos a contrariar os nossos gostos para oferecer a outra pessoa conforto, prazer ou consolo.

Propomos a um colega ir a um cinema, quando o que nos agradaria seria assistir a um jogo de futebol. Renunciamos a um segundo pedaço de bolo — embora seja o mais delicioso que comemos até hoje — para que algum outro o saboreie em nosso lugar. Ou, ao contrário, pedimos encarecidamente um segundo pedaço de bolo — ainda que nunca tenhamos comido outro pior — para não magoar um cozinheiro principiante.

Ficamos uns minutos em conversa com um vizinho ou um colega que achamos maçante. Em vez de arrumarmos uma desculpa para nos despedirmos rapidamente, damos-lhe o nosso tempo e a nossa maior atenção.

Executamos as nossas tarefas rotineiras com esmero e pontualidade, embora preferíssemos cavar uma vala a ter que preencher outro formulário de cinco páginas para o nosso chefe.

Os melhores atos de penitência são esses, tão insignificantes que passam despercebidos. Os nossos dias mais completos, os mais felizes, são aqueles em que tais atos foram abundantes.

A *dolorosa verdade*

É importante compreender isto corretamente, pois há hoje muitas pessoas — mesmo alguns cristãos — que entendem mal a mortificação cristã. Pretendem rebaixá-la, vendo nela uma doença psíquica, ódio ao mundo, pressão, tristeza e masoquismo. Há sem dúvida cristãos que são vítimas desses distúrbios, mas nenhum deles é causa ou efeito da mortificação cristã.

A primeira coisa que se deve deixar claro é que a mortificação é parte essencial da fé cristã: *Se alguém quiser vir após mim, negue-se a si mesmo, tome a sua cruz e siga-me* (Mt 16, 24). *Quem não carrega a sua cruz e me segue não pode ser meu discípulo* (Lc 14, 27). A mortificação não é, pois, algo opcional, mas caminho necessário e generoso de salvação à disposição da humanidade.

Depois, é preciso deixar claro que, sem sombra de dúvida, a mortificação não é uma negação da *bondade* do mundo. Os cristãos sacrificam as coisas melhores não por pensarem que o mundo é mau e deve ser condenado à morte, mas por saberem que o mundo é muito bom..., tão bom que pode distrair-nos do que é muito melhor e desviar-nos assim do nosso caminho para a casa do Pai. Como os israelitas, podemos desejar regressar ao Egito ou divertir-nos na Babilônia. Podemos optar por uns agradáveis passatempos em vez de irmos à missa, de confessar-nos ou visitar a nossa avó. Repito: trata-se sempre de preferir a uns bens menores uns bens maiores ou o próprio bem.

Por último, devemos afirmar que a dor não é um valor em si. Os cristãos não experimentam nenhum prazer com a dor. No entanto, encontram na dor uma bênção, como fez Cristo.

Falar do ídolo

Não há dúvida de que os primeiros cristãos seguiam o conselho de Jesus ao levarem uma vida de penitência e mortificação. Pensemos em São Paulo, que escreveu: *Os que são de Cristo Jesus crucificaram a carne com as suas paixões e concupiscências* (Gl 5, 24). E para que ninguém tratasse de impor uma leitura meramente espiritual ou metafórica desse texto, exemplificou-o com a sua própria vida, aceitando voluntariamente todas as privações e sofrimentos que a sua missão apostólica lhe deparou:

> *Em trabalhos [...], muito mais em açoites, em perigos de morte muitas vezes. Cinco vezes recebi dos judeus quarenta açoites menos um; três vezes fui açoitado com varas, uma vez fui apedrejado; três vezes naufraguei, passei uma noite e um dia nos abismos do mar... Em frequentes viagens com perigos de rios, perigos de salteadores, perigos*

dos da minha raça, perigos dos gentios, perigos na cidade, perigos nos desertos, perigos no mar, perigos entre falsos irmãos; em trabalhos e fadigas, em vigílias frequentes, em fome e sede, em jejuns muitas vezes, em frio e nudez (2 Cor 11, 23-27).

Tudo enfrentou com espírito de penitência. Mas não se deteve aí. Assumia ativamente outros sacrifícios, impondo à sua carne uma disciplina ainda mais severa: *Eu combato, não como quem dá golpes no ar, mas castigo o meu corpo e o escravizo, não seja que, tendo pregado aos outros, venha eu a ser condenado* (1 Cor 9, 26-27).

Paulo não se rendia à autocompaixão ou à vida fácil. Muito pelo contrário: sabia que o corpo tem que submeter-se ao estrito controle da mente, da alma e da razão, e que não era uma tarefa fácil, pois requeria uma firme determinação, da qual fala em termos insólitos: *Se viverdes segundo a carne, morrereis; mas se, com o Espírito, fizerdes morrer as obras do corpo, vivereis* (Rm 8, 13). *Se fizerdes morrer...*: esta surpreendente frase é em latim uma única palavra, e nas primeiras traduções inglesas da Escritura aparece como *mortificação*, que é sinónimo da penitência do corpo.

Por conseguinte, mortificai o que há de terreno nos vossos membros: a fornicação, a impureza, as paixões, os maus desejos, e a avareza, que é uma idolatria, pelas quais vem a ira de Deus (Cl 3, 5).

Os atos de renúncia a nós mesmos — mortificação e penitência — destroem os obstáculos ao amor divino e à nossa participação na vida divina. Esmagam os ídolos na nossa vida e assim nada pode desviar-nos do amor de Deus.

O regime alimentar não é suficiente jejum

Quando oferecemos atos de penitência a Deus, praticamos uma espécie de "inversão das normas" semelhante à que os israelitas, para deixarem o Egito, tiveram que experimentar sacrificando os animais sagrados dos seus captores. "Condenamos à morte" os desejos que cativam a nossa mente. Porque o que é que atrai a nossa atenção e a mantém presa? A comida? O sexo? Os bens materiais?

Qualquer coisa que nos mantenha atados ao nosso desejo é um ídolo, e em breve nos exigirá sacrifícios. Porque os ídolos são também ciumentos, como Javé. Pensemos nos nossos modernos ídolos. Pelo trabalho, muitos sacrificam com entusiasmo a saúde, o tempo e a família; pelo sexo sem freio, muitos arriscam a sua reputação, a saúde, o casamento e mesmo a vida; pelo consumo glutão, muitos estão dispostos a perder anos de vida (mais de 60% dos americanos sofrem de excesso de peso e 27% são obesos)[1].

Todos somos conscientes do poder que esses ídolos têm de aprisionar-nos. Todos sabemos dos sacrifícios que acabarão por exigir-nos, como nos diz periodicamente o médico. Poucas verdades são tão evidentes como o antigo provérbio cristão: o corpo pede mais do que precisa, e por isso devemos dar-lhe menos do que pede. Sabemos que temos de seguir um regime, de passar menos tempo no trabalho e mais com a família, de andar menos obcecados pelo sexo. E assim sucessivamente.

---

[1] A. Spake, "Super Size America" U. S. News and World Report, 19 de agosto de 2002; cf. Também N. Heltmich, "Obesity in America is Worse than Ever", USA Today, 9 de outubro de 2002, p. 1A.

Mas essas soluções naturais não são suficientes. Existe uma absurda tendência humana a exaltar o instrumento natural que destrói os nossos ídolos: o ex-beberrão, o ex-fumante costumam converter-se frequentemente nuns odiosos e fanáticos partidários da dieta em voga ou do duodécimo programa que o "salvou".

Não caiamos nessa cilada. É por isso que devemos sobrenaturalizar a nossa renúncia, convertê-la em penitência: oferecê-la a Deus, ao único Deus verdadeiro, ao Deus que salva. Temos que substituir os ídolos por uma devoção pura e divina, e essa devoção tem de ser purificada pela nossa atitude penitente e pelas nossas mortificações.

O grande quadro

Neste ponto, a chave é o contexto. Se não vemos o quadro em que se insere, o sacrifício não terá sentido para nós ou terá uma espécie de sentido perverso.

O contexto do nosso sacrifício é uma relação, uma relação pessoal, uma relação amorosa, uma relação familiar, uma relação pactuada.

Não é raro que os membros de uma família se sacrifiquem uns pelos outros, uns pelo bem dos outros. A vida dos pais está claramente balizada por esses sacrifícios. Um pai deve "dar morte" às coisas que o impedem de amar os seus filhos como deve. Uma mãe "dá morte" ao seu mau-humor, à sua comodidade, aos seus caprichos, e assim pode gozar de liberdade para criar felizes, fortes e sábios os seus filhos. Com o passar do tempo, ensina o pequeno a dominar os impulsos e os caprichos do seu corpo pelo bem de uma vida familiar sã (aprender a usar o urinol, a dormir na hora certa, a não comer entre as refeições). Por sua vez, quando o menino crescer e se fizer adulto, dará o seu tempo e os seus cuidados ao pai e à mãe, quando estiverem doentes ou forem velhos.

O amor exige que nos sacrifiquemos pelo bem da pessoa amada. Um homem loucamente apaixonado por uma mulher não pensará duas vezes antes de roubar um tempo ao sono para escrever-lhe um poema de amor; não hesitará em oferecer-lhe as suas luvas num duro dia de inverno, ainda que as suas próprias mãos estejam a ponto de congelar; se ela lhe diz que não gosta da sua água-de-colônia nem da sua malha, deixará esses objetos no fundo do armário ou os jogará no cesto do lixo. E se a ofendeu por alguma razão, redobrará de esforços para remover as causas que o levaram a magoá-la. Quererá reconciliar-se com ela sem perder um minuto.

Todos esses são atos naturais de renúncia que as pessoas fazem espontaneamente quando estão apaixonadas, porque o amor torna mais fácil o sacrifício e a própria dor é encarada como um doce bem. Não se discute a necessidade de renunciar a alguma coisa que suponha um obstáculo a essa relação de amor.

Vemos assim que o sacrifício, a renúncia, a penitência e a mortificação dificilmente são invulgares ou inusitadas na ordem natural. Estamos desejosos de sacrificar-nos por objetivos que vemos. Temos de aprender a sacrificar-nos por um amor que não vemos — como é o amor de Deus.

Na terra como no céu

Mas o sacrifício não é meramente negativo. Não se esgota numa "morte"; é também uma doação. Os nossos pequenos sacrifícios são o símbolo de um amor que aspira a ser grande e que por isso se entrega.

A Igreja ensina que o amor humano tem uma certa semelhança com a união que reina no seio das Pessoas divinas. Quando damos o nosso amor, imitamos Deus, porque *Deus é amor* (1 Jo 4, 16) e a essência do amor é dar a vida².

Consideremos a vida íntima da Trindade. O Pai derrama a plenitude de si mesmo; não retém nada da sua divindade; entrega toda a sua vida, gerando eternamente o Filho. O Pai é, acima de tudo, um amante que vivifica, e o Filho é a sua imagem perfeita. Que outra coisa é, pois, o Filho senão um amante que dá a vida? O Filho reflete dinamicamente o Pai por toda a eternidade, derramando toda a vida que recebeu do Pai; e devolve essa vida ao Pai como perfeita expressão de gratidão e amor. Essa vida e amor, que o Filho recebe do Pai e volta para o Pai, *é* o Espírito Santo.

Quando Deus se fez homem em Jesus Cristo, a sua vida na terra foi uma imagem no tempo da vida divina na eternidade. A vida de Jesus foi uma completa doação de si mesmo ao longo de trinta e tantos anos. Tudo na sua vida — o perdão, as curas, os ensinamentos, a pregação — foi uma encarnação do amor transcendente que permanece por toda a eternidade.

O amor que é Deus é o único amor que pode satisfazer-nos e fazer-nos felizes. Os nossos amores humanos apagar-se-ão, por fraqueza, imperfeição ou morte. Não seremos felizes nem conheceremos o amor enquanto não amarmos como Deus, enquanto não amarmos *como deuses* (Sl 82, 6; Jo 10, 24), como partícipes da natureza

---

2   Cf. Vaticano II, *Gaudium et Spes*, 24.

divina (2 Pe 1, 4). O homem, diz a Igreja, "é a única criatura sobre a terra a quem Deus ama por si mesma, [e que] não pode encontrar-se plenamente a si mesma senão através de um dom sincero[3].

A penitência, entendida neste contexto, tem sentido: não podemos imaginar o amor sem sacrifício; não podemos amar realmente *esta* pessoa sem darmos morte a *esse* vício, a esse obstáculo ou a essa preferência.

Esta é a razão pela qual as antigas alianças exigiam os sacrifícios. As alianças criavam um vínculo familiar, e o sacrifício era o símbolo dos antigos vínculos, um símbolo da doação total, sem a qual o amor e a vida de família se tornam impossíveis.

Eliminar obstáculos ao amor de Deus

Quando se situa à margem do amor, a penitência chega a ser perversa: doença psíquica, ódio ao mundo, pressão ou masoquismo, como vimos. Não é sofrimento pelo sofrimento; não é grosseira imposição de um Deus sádico ou de uma Igreja autoritária. É, sim, um dom sem palavras do nosso próprio ser a Deus.

Essa entrega de nós mesmos vai-se realizando gradualmente ao longo da vida. Cada ato de penitência, cada confissão sacramental, cada pequeno sacrifício conforma-nos cada vez com a imagem de Deus, tornando a nossa vida mais parecida com a de Deus.

Conseguimo-lo, em parte, por meio de métodos naturais de domínio próprio, mas esmagadoramente mais pela nossa correspondência à graça de Deus, que

---

[3] Cf. João Paulo II, *Carta às famílias*; S. Hahn, *O amor que dá vida*, Madri, Rialp 2006, pp. 37-49; S. Hahn, *O primado do amor*, pp. 135-138.

nos chega sobretudo através do sacramento da penitência. É por isso que a leve penitência que recebemos no confessionário tem muito maior eficácia do que os nossos dias de jejum: inclui o poder adicional da graça sacramental de Cristo.

XI
Pensando fora do confessionário: costumes penitentes altamente eficazes

Se a penitência é um modo de vida — em pormenores concretos na vida diária —, como deveremos viver o sacramento da penitência?

Este sacramento é o ponto culminante dessa vida. É o cume de todos os nossos atos penitenciais de sacrifício e supera-os em várias ordens de grandeza, porque é o meio concedido pela Providência para recuperarmos e restaurarmos o vínculo da nossa vida sobrenatural com Deus.

Instituído por Cristo, é um ato de Deus que — por perdoar os pecados — pode equiparar-se à salvação do mundo. Além disso, só produz efeitos pelo poder de Cristo, não pelos nossos atos nem pelos atos do confessor. O termo latino teológico para designá-lo é *ex opere operato*, que significa "pelo próprio fato de a ação ser realizada" (*Catecismo*, 1128).

Se queremos viver uma vida que leve à visão beatífica, não podemos nem devemos fazê-lo sem recorrer à confissão cuidadosamente preparada e plenamente integrada nos nossos hábitos de oração.

Quando me confesso semanalmente, sou forte

A Igreja pede que recorramos a esse sacramento ao menos uma vez por ano para confessarmos os pecados mortais cometidos ao longo dele. É o que se costuma designar por "cumprir o preceito pascal" porque muitos católicos o cumprem nessa época com o fim de fazerem uma boa Comunhão durante a Páscoa.

No entanto, se estudarmos a vida dos santos, veremos que a regra é a confissão frequente, pelo menos mensal. Sou do número crescente de católicos que procuram confessar-se semanalmente. Há menos de um século, a confissão semanal era uma prática normal em muitas paróquias, onde católicos jovens e mais velhos entravam aos sábados numa longa fila à espera de passar por uns breves momentos pelo confessionário. Não sei ao certo o que aconteceu para que essa tendência mudasse, mas estou certo de que não se deveu a um diminuição do número e gravidade dos pecados cometidos pelos católicos.

Há muito boas razões para nos confessarmos cada semana ou cada mês.

Em primeiro lugar, é mais fácil do que fazê-lo uma vez por ano. Isto pode parecer estranho, mas é assim mesmo. Quanto mais nos confessamos, melhor o fazemos. Exatamente como no jogo de tênis: com a prática, torna-se mais fácil e mais regular.

É mais fácil também porque o nosso exame de consciência abrange um espaço de tempo mais curto. O homem justo cai sete vezes ao dia: isto significa que, se as pessoas mais virtuosas da cidade se confessam uma vez por ano, têm 2.555 pecados de que confessar-se. O período de uma semana ou mesmo de um mês é mais fácil de rememorar, e permite-nos uma confissão mais sincera e mais completa.

A maior frequência na confissão leva a um programa mais eficaz de crescimento na virtude e a uma vitória mais completa sobre os pecados habituais. O crescimento espiritual, como a melhora das condições físicas, não é coisa que se consiga facilmente. Todos gostaríamos de desfazer-nos dos nossos hábitos pecaminosos durante o sono, como eu gostaria de perder dez quilos até amanhã de manhã, ou de triplicar a minha força muscular dentro da próxima semana. Mas as mudanças de caráter, como as mudanças no corpo, raramente se dão de um dia para o outro. Só notamos a diferença após anos ou décadas. Precisamos, pois, de seguir uma dieta e de fazê-lo por um longo tempo.

As pessoas costumam sentir-se frustradas ao verem que repetem os mesmos pecados cada vez que se confessam. Sim, pode ser humilhante, mas poderia ser muito pior. Por exemplo, pior seria que cometêssemos pecados novos! Se achamos que não melhoramos, pelo menos vemos que não pioramos, o que é provável que sucedesse se deixássemos de confessar-nos.

Confessar-se vezes seguidas das mesmas coisas é humilhante — não o nego —, mas, para um cristão, a humilhação não é má; afinal de contas, é o que nos faz humildes, e a humildade ataca o pecado na sua origem, que é a soberba. Tudo isto é para bem, porque Deus acolhe os humildes e resiste aos soberbos..., mesmo quando têm motivos para vangloriar-se.

Temos de procurar o sacramento da confissão durante a nossa longa caminhada, ainda que às vezes nos sintamos frustrados. Com o decorrer do tempo, a maioria das pessoas nota que não continua a confessar-se de *todos* os mesmos pecados que cometia há dez anos. Quando, mercê da graça e do nosso esforço, progredimos num sentido, descobrimos outras áreas que exigem luta, e assim, se perseveramos, podemos ir para a frente, para o alto, para Deus.

A última, mas não a menos importante razão para nos confessarmos com frequência é a advertência de São Paulo aos cristãos de Corinto: *Portanto, quem comer do pão ou beber do cálice do Senhor indignamente, será réu do corpo e do sangue do Senhor [...]. Esta é a razão pela qual há entre vós muitos adoentados e fracos, e muitos morrem* (1 Cor 11, 27, 30).

Se dizemos que não temos pecados, somos mentirosos. E se pecamos e não nos confessamos, não somos bons anfitriões de Jesus, a quem recebemos na comunhão. Se aos domingos damos as boas-vindas ao Hóspede divino no nosso coração, deveríamos limpar a nossa casa aos sábados. Pensemos como limparíamos a nossa casa se tivéssemos convidado para nossa casa uma autoridade ou o nosso chefe.

Jesus contou-nos a parábola do homem rico que, encolerizado, convidou gente imprópria para as bodas do seu filho (Mt 22, 14). Compareceram *bons e maus,* mas só um foi expulso: o homem que não trazia a veste nupcial. O significado da parábola não pode ser mais claro: na sua misericórdia, Deus, o Pai, convida todos à Eucaristia, que é o banquete de bodas do seu Filho com a Igreja (Apoc 19, 9; 21 9-10). Compete-nos cuidar da preparação adequada para a ocasião, porque de outro modo poderia ser um sinal de ingratidão ou de presunção. Jesus não é menos severo que São Paulo ao descrever as consequências: *Então o rei disse aos criados: "Atai-o de pés e mãos e lançai-o às trevas exteriores. Ali haverá choro e ranger de dentes".*

Ter um confessor

A nossa confissão não deveria ser apenas frequente, mas programática. Deveria levar-nos a fixar metas para vencer o pecado e crescer em virtude, e a lutar por atingir essas metas. E é possível fazê-lo mais facilmente quando se estabelece uma relação permanente com o confessor.

Um confessor que chegue a conhecer-nos chegará a conhecer melhor que nós os obstáculos entre nós e o céu. Um confessor habitual conhecerá as circunstâncias da nossa vida, as nossas tentações características, as nossas forças e fraquezas. E, com esses dados, poderá fixar-nos as metas: poderá averiguar o defeito dominante que causa os nossos pecados; poderá aconselhar-nos o melhor modo de progredir, como também rezará pela nossa luta, e nunca deveríamos subestimar o valor da sua oração[1]. Um confessor habitual pode ser como um médico de família, que vem auscultar-nos e examinar-nos periodicamente, que conhece os nossos costumes, as circunstâncias da nossa vida e do nosso trabalho, e quais as coisas que realmente nos fazem mal.

Encontrar um confessor adequado requer tempo e esforço. Será necessário perguntar à nossa volta e talvez passar por alguns confessionários antes de dar com o sacerdote adequado, que não tem por que ser aquele que nos faça sentir bem. Há pessoas que vão de confessionário em confessionário até encontrarem um sacerdote que lhes diga que os seus pecados não são realmente pecados. Mas, como diz um dos meus amigos, se fizermos assim, "não estaremos em busca

---

[1] Acerca do risco de mudar frequentemente de confessor, cf. São Francisco de Sales, *Introdução à vida devota*, Parte II, cap. 19.

de um novo confessor: estaremos em busca de um deus novo, que nos dê a razão sobre o nosso modo de pensar a respeito da moral. Isso é consumismo dos mais graves. Isso é andar à caça e captura de um médico que nos minta sobre os resultados de uma análise de sangue. Pode aliviar a nossa preocupação por um certo tempo, mas acabará por matar-nos"[2]. E assim será. E o que matará os que andam à procura de um novo deus é a sua própria morte espiritual pelo pecado mortal.

Discute-se se é melhor procurar um confessor que seja também diretor espiritual, ou é preferível um diretor espiritual diferente que realize um trabalho minucioso. Não é este o lugar adequado para estudar a solução. Farei apenas duas observações:

1) uma direção que tenha continuidade é indispensável para um progresso que seja igualmente contínuo. É verdade o que diz um antigo provérbio: o homem que se tem a si mesmo por advogado tem um tolo por cliente. Você e eu *precisamos* de um diretor espiritual.

2) Como às vezes é extremamente difícil encontrar um sacerdote confiável, não deveríamos dar-nos ao luxo de ir à caça de um segundo sacerdote confiável para tomá-lo como diretor espiritual.

Um, dois, três...

Já encontramos o confessionário, já encontramos o momento e o sacerdote, mas ainda temos alguns

---

[2] M. Aquilina, "How to find a Regular Confessor", *New Covenant*, setembro de 1996, p. 8.

preparativos a fazer. Temos que descobrir os pecados cometidos para fazer uma confissão completa e contrita.

O hábito que nos ajuda a fazê-lo chama-se exame de consciência. É uma revisão periódica dos nossos pensamentos, palavras, atos e omissões. É um trabalho da nossa memória com o fim de descobrirmos os nossos pecados e detectarmos qualquer hábito que nos provoque tentações. O exame faz-nos conscientes dos nossos progressos e dos nossos recuos, e mantém-nos centrados na realidade. Sem este honesto escrutínio, podemos encontrar inúmeras desculpas para as nossas infidelidades a Deus e ao próximo. Ou podemos desviar o nosso olhar para qualquer coisa menos para a nossa própria vida.

Devemos procurar fazer o exame ao menos uma vez ao dia. Como uma vitamina, um regime de comida ou uma contabilidade, não será eficaz se não formos fiéis a essa prática. Muitos autores espirituais dizem que o melhor momento para fazê-lo é antes de nos deitarmos, porque então já temos o dia por trás das costas. Mas o papa João XXIII aconselhava um segundo exame ao meio-dia, de modo a podermos corrigir o rumo enquanto ainda temos pela frente um bom pedaço do dia.

Depois de cada exame, podemos anotar brevemente as nossas preocupações, lutas e faltas (servindo-nos de um código pessoal). Essas notas serão muito úteis para nos prepararmos para a próxima confissão.

Há numerosos métodos adequados para o exame de consciência. O mais simples consiste em repassar o dia cronologicamente, desde que se acorda até que se faz o exame. Outro método generalizado consiste em considerar cada um dos Dez Mandamentos e ver como se viveram no dia que passou. Alguns devocionários oferecem uma série de perguntas a este propósito (há alguns exemplos no Apêndice C no final deste livro). Outros gostam de fazer a sua própria lista de perguntas, baseadas na experiência das suas fraquezas ou nas sugestões ou queixas que recebem de colegas, amigos ou pessoas da família.

O nosso exame noturno deve ser breve, de cinco minutos aproximadamente, e terminar com um ato de contrição. Mas para prepararmos a confissão, devemos empregar mais tempo na consideração diante de Deus dos nossos pecados.

A tradição ensina-nos que o exame de consciência deve dividir-se em dois: o exame geral e o exame particular. O exame geral é exatamente o que acabo de descrever: um olhar rápido sobre os acontecimentos do dia. O particular concentra-se em ver como foi que vivemos uma virtude concreta ou evitamos um pecado determinado. Há pessoas que fazem este último exame ao meio-dia e o geral à noite.

Qual é o melhor momento, o lugar e o método para fazer o exame? Só você mesmo pode responder a esta pergunta (ajudado, evidentemente, pelo diretor espiritual). Vá experimentando, até que acerte. O importante é não omitir esta prática, que tanto nos prepara para fazermos bem a nossa confissão.

Os sacramentos não são um feitiço mágico; conferem--nos a sua graça *ex opere operato*, mas Deus não nos santifica sem a nossa colaboração. Cristo dá-nos a sua graça livremente, mas nós só recebemos a que estamos preparados, desejosos de receber. Uma boa preparação abre a nossa alma para recebermos mais abundantemente a graça que Cristo nos concede.

... E já!

O hábito da confissão é o mais eficaz de todos os atos de penitência, por muito que custe. A grande convertida americana, Dorothy Day, descrevia-o com todo o acerto do ponto de vista do penitente:

> Ir confessar-se é duro: duro quando você tem pecados que confessar; duro quando não os tem e quebra a cabeça à procura da origem dos pecados contra a caridade, a castidade, a honra alheia, da causa dos pecados de difamação, de preguiça ou gula. Não é que insista demasiado nas suas constantes imperfeições e nos seus pecados veniais, mas deseja trazê-los à luz do dia porque o primeiro passo é livrar-se deles. O justo cai sete vezes por dia.
> Começamos assim: "Fiz a minha última confissão há uma semana e de então para cá pequei. Estes são o meus pecados..."
> Os *meus* pecados, não os pecados dos outros, nem as minhas virtudes, mas somente os meus feios, cinzentos, apagados e monótonos pecados[3].

Não é muito glamoroso nem romântico. É trabalho e, como tal, implica o suor do rosto, do mesmo modo que, na ordem natural, é o trabalho que nos põe o alimento na mesa e nos dá a sensação de estarmos saciados. O trabalho da confissão é o que nos concede a graça de progredir na vida espiritual e nos serve o alimento na mesa eucarística.

Do ponto de vista do confessor, São Josemaria Escrivá, um sacerdote do século XX, deu o melhor conselho

---

[3] Dorothy Day, *The Long Loneliness*, Nova York, Harper & Row, 1952, pp. 9-12.

que já vi para quando estamos diante do confessionário. Aconselhava os seus penitentes a seguir quatro C's, isto é, a fazer uma confissão completa, contrita, clara e concisa.

Completa. Não omita nenhum pecado mortal, é claro, mas cuide de incluir também os veniais que lhe criam problemas. E o mais importante: não suprima os pecados que o envergonham. É melhor começar a confissão pelo pecado mais duro de admitir. Depois, tudo será mais fácil.

Contrita. Arrependa-se dos seus pecados. Lembre-se de que foi a Deus que você ofendeu, e que Ele o amou incansável e generosamente.

Clara. Fuja de sutilezas. Não oculte os seus pecados com eufemismos. Certifique-se de que o sacerdote entende o que você lhe diz.

Concisa. Não é necessário entrar em detalhes supérfluos. Costuma acontecer que, quando o fazemos, o que procuramos é desculpar-nos inventando circunstâncias especiais ou acusando os outros. Além disso, o tempo do sacerdote é muito valioso e tem de empregá-lo ouvindo outro penitente.

Repito: pense que o mais importante é que você se confesse! Não o deixe para mais adiante.

XII
A entrada da casa: a confissão como um combate

Atitude de penitência, prática da penitência, hábitos de penitência, o sacramento da penitência: tudo isso nos serve para recordar-nos o que somos. Somos filhos de um Pai amoroso, de um Pai fabulosamente rico, mas vivemos fora do lar em condições vergonhosas. O nosso exame de consciência e a nossa confissão semanal ou mensal ajudar-nos-ão a endireitar a nossa vida e o nosso caminho para casa.

A viagem para a nossa casa ainda será exigente. Porque a nossa nação santa é uma nação em guerra, e os inimigos ímpios nunca deixam de cercar-nos.

Viver em tempos de guerra

Os cristãos sérios encararam sempre a vida como uma batalha. Esta é a metáfora dominante desde o *Combate cristão* de Santo Agostinho até à canção "Para a frente, soldados cristãos!" O único meio com que contam os filhos de Adão para resistir à tentação é o da luta contra as coisas que nos afastam de Deus.

Em qualquer batalha há diversos inimigos; alguns à vista, outros não. Além de lutarem contra os franco-atiradores inimigos, os combatentes têm de enfrentar o desalento, o cansaço e a desconfiança. O combate espiritual não é diferente. A nossa luta é contra o mundo, o demônio e a carne. Estamos dominados pela carne, e assim achamos que o mundo nos oferece prazeres mais atraentes que Deus. O demônio conhece os nossos pontos fracos e concentra os seus esforços onde mais nos pode atingir. Quando caímos, sentimo-nos tristes e cansados, e então o demônio alcançou uma grande vitória: convertemo-nos no nosso pior inimigo.

É verdade que os ataques contra nós parecem tão esmagadores que podemos sentir a tentação de abandonar a luta antes de dispararmos um tiro. Mas nunca devemos baixar as nossas guardas. Pelo contrário, devemos redobrar os nossos esforços, levando a batalha para além dos muros da cidade, evitando até as circunstâncias que poderiam tentar-nos, evitando a menor ocasião de pecado.

No caso das tentações de pecado mortal, devemos fugir sem olhar para trás, tal como Lot fugiu de Sodoma (Gn 19, 15-23). Há pecados tão graves que não deveríamos travar a luta diretamente. Quando nos sentimos fortemente propensos a cometer um pecado grave — sexual, por exemplo —, devemos fugir imediatamente das circunstâncias que a ele nos conduzem. Não é uma vergonha que um soldado fraco bata em retirada diante de um inimigo mortal e muito superior. Se defender a sua vida, viverá para lutar de novo. A prudência é a melhor parte da coragem.

Corpos místicos

Quer triunfemos, quer sucumbamos, nunca devemos lutar sozinhos. A *grande nuvem de testemunhas* que nos rodeia (Heb 12, 1) não se compõe de espectadores passivos, mas de aliados na batalha. Os santos no céu alcançaram a vitória pelos seus méritos, e, se lhes pedirmos ajuda, Deus lançará a sua santidade a crédito da nossa causa.

A partir da Reforma protestante, os cristãos têm estado divididos acerca da noção do "tesouro de méritos da Igreja", mas a verdade é que o conceito bíblico é anterior ao Novo Testamento. O rabino Nahum Sarna, fazendo-se eco dos antigos rabinos, escrevia no seu comentário ao livro do Gênesis: "Deus livrou Lot graças aos méritos de Abraão. Esta «doutrina do mérito» é frequente na Bíblia, e constitui a primeira das muitas ocasiões em que a santidade dos indivíduos eleitos pode ajudar os outros, mesmo grupos, através do seu poder de proteção"[1]. O rabino Sarna encontrou evidências posteriores desta doutrina na vida de Moisés, Samuel, Amós, Jeremias e Ezequiel.

A essa lista impressionante eu acrescentaria o nome de Jó, que, embora não fosse sequer israelita, era um homem justo e, vivendo apenas à luz da lei natural, sabia que podia aplicar os méritos da sua vida e dos seus sacrifícios em benefício das suas filhas e filhos. Diz-nos a Bíblia que Jó, *levantando-se de madrugada, oferecia por eles holocaustos, de acordo com o número de todos eles* [os filhos], *pois dizia: "Não seja que os meus filhos tenham pecado e amaldiçoado a Deus no seu coração"* (Jó, 1, 5).

Se os filhos de um pagão virtuoso podiam beneficiar-se dos méritos de seu pai, não o poderemos fazer nós, que estamos na linha da longa genealogia de cristãos santos? O tesouro do mérito não se esgotou.

---

[1] N. Sarna, *Understanding Genesis: The Heritage of Biblical Israel*, Nova York, Schocken, 1966, pp. 150-151. Cf. E. E. Urbach, *The Sages: Their Concept of Beliefs*, Jerusalém, Magnes Press, 1979, pp. 483-511; G. F. Moore, *Judaism*, Cambridge, Mss. Harvard University Press, 1927, I, pp. 535-545; Cf. *Catecismo* 1476-1477.

Nós também podemos beneficiar-nos dessa arca, como podemos igualmente contribuir para ela.

Temos de oferecer os nossos esforços não somente pelo nosso bem, mas pelo bem de outros, dos nossos amigos e vizinhos, pelos membros da nossa família e mesmo pelas pessoas que não conhecemos, porque combatem conosco. Assim como os méritos dos santos atuam em nosso benefício, as nossas mortificações atuarão em benefício de outros. É como disse São Paulo: *Agora alegro-me nos padecimentos suportados por vós e completo na minha carne o que falta à paixão de Cristo pelo seu corpo, que é a Igreja* (Col 1, 24).

A Igreja é o corpo de Cristo (1 Cor 12, 27; Ef 4, 12), e nós somos os seus membros individuais (Rm 12, 4-5; 1 Cor 6, 15; 12, 12). Sempre que optamos por fazer o bem, fortalecemos os nossos companheiros de luta, porque estamos unidos a eles por uma solidariedade mística.

E ao invés, quando optamos por fazer o mal, não pecamos isoladamente, mas debilitamos as posições de todos os que lutam do nosso lado na batalha. Instigamos e ajudamos os nossos inimigos, que são a rede de aliados do demônio neste mundo.

A solidariedade entre os combatentes é real. Quando pecamos, não diminuímos apenas as nossas forças, mas as de toda a Igreja. Esta é a única razão pela qual Cristo nos faz confessar os pecados à Igreja.

O corpo místico de Cristo e a comunhão dos santos encontram a sua força no sacramento da penitência. Um dos grandes críticos literários do século XX, Wallace Fowlie, compreendeu-o imediatamente quando, ainda protestante, deambulava por uma pobre paróquia franco-americana em New England:

A metade dos penitentes rezavam ajoelhados, e os outros olhavam para a frente. Um menino saiu do confessionário e outro ocupou o seu lugar. Em uns segundos, o menino dirigiu-se ao presbitério e ajoelhou-se diante da grade do altar. Eu me perguntava que espécie de pecados acabava de sussurrar e que nova pureza o invadia... *Eu estava numa casa desconhecida que me permitia unir-me a muitas vidas, a muitos milhões de vidas.* O menino ajoelhado diante da grade do altar trazia na mão esquerda um gorro de esqui azul escuro, e o seu coração falava à eternidade. Eu nunca tinha visto essa penitência numa igreja. Nunca tivera que esperar numa fila para falar com Deus, e nunca O ouvira falar em meio minuto para fazer justiça[2].

Esse momento ocasionou uma guinada decisiva na vida de Fowlie, que pouco depois entrou na Igreja Católica. A nossa "casa desconhecida" converteu-se na sua própria casa, converteu-se na casa do *seu* Pai.

Palhas e traves

Vivemos num ambiente familiar que nos permite "unir-nos a muitas vidas, a muitos milhões de vidas". Isto significa que há muitas pessoas a quem estamos ligados: os santos do céu, os nossos contemporâneos na terra, e a futura geração que um dia se beneficiará dos nossos méritos.

Temos de aborrecer qualquer pecado com um aborrecimento santo, mas especialmente aborrecer os nossos próprios pecados. É fácil aborrecer os pecados dos outros: os grandes pecados que são abertamente perversos, como

---

[2] W. Fowlie, *Journal of Rehearsal: A Memoir*, Durham, Duke University Press, 1977, pp. 77-78.

o genocídio ou o racismo, ou os pecados mal intencionados que nos atingem pessoalmente, como insultos ou desprezos. Mas os pecados que nos importam realmente são os que nós mesmos cometemos: *Por que olhas a palha que está no olho do teu irmão e não vês a trave que está no teu?* (Mt 7, 3). Os pecados mais odiosos e mais importantes da minha vida são os meus. Os meus pecados prejudicam-me mais que todos os dos meus colegas, vizinhos e membros da minha família juntos.

O nosso amor a Deus não é nada — apenas uma carolice sentimental — se não se faz acompanhar de um ódio veemente pelos nossos pecados. Desejamos medir quanto amamos a Deus? Perguntemo-nos (como eu o faço): Desgostam-me mais os escândalos no seio da Igreja ou as intrigas políticas do que os pecados que cometi esta semana? Sou mais sensível às injustiças do meu chefe — ou às injustiças dos meus colegas, da minha esposa ou dos meus filhos — do que às minhas? Quando somos honestos conosco próprios, essas perguntas são terrivelmente dolorosas.

Devemos lutar contra todos os pecados, a começar pelos próprios, como um pai de família enfrenta os intrusos da sua casa. Não há pecado pequeno que mereça ser passado por alto. Santo Agostinho adverte-nos: "Sempre que se resista à carne, um homem só pode ter pecados leves. Mas esses que chamamos leves não estão destituídos de importância... Muitos pecados leves fazem um pecado enorme. E que esperança nos resta? Antes de mais nada, a confissão!"[3]

A confissão é a esperança que ultrapassa todas as outras. Pois bem, aí temos o antigo testemunho de um

---

3   *Tratado sobre a Primeira Epístola de São João*, 1. 6.

pecador que perseverou e que ganhou a batalha com o seu arrependimento.

Os outros são de Deus

Quando os fatos estão contra nós e a batalha parece perdida, não devemos desesperar, porque a confissão pode realizar o que nós não podemos, e a graça de Deus no sacramento é mais forte que a que o demônio pode esgrimir contra nós. O poder que Deus tem de salvar, curar e criar de novo é infinitamente mais forte que o nosso poder de pecar e destruir. *Eu apaguei como uma nuvem as tuas culpas, como uma neblina os teus pecados. Volta para mim, porque te resgatei* (Is 44, 22). Jesus é o Cordeiro de Deus *que tira o pecado do mundo* (Jo 1, 29). Tira o pecado do mundo na origem. Não somente nos perdoa os pecados: arranca-os, eliminando-os do nosso coração enlameado. E vai mais longe: cria em nós um coração novo, um coração limpo, como se tivéssemos limpado o primeiro que nos deu. *Dar-vos-ei um coração novo e porei em vós um espírito novo; arrancar-vos-ei esse coração de pedra e dar-vos-ei um coração de carne* (Ex 36, 26).

Cristo é invencível. Nós também o seremos, se voltarmos a lutar ao seu lado. Com amigos como Jesus e os seus santos, quem faz caso dos inimigos?

Somos filhos pródigos num país longínquo. Para nosso próprio bem, temos necessidade de voltar para casa. E nesse caminho de regresso, talvez longo e penoso, devemos contar com a segurança que nos dá a confissão sacramental, que nunca nos engana acerca da nossa condição. Por muito que experimentemos as técnicas de visualização da *New Age*, não mudaremos por nós mesmos a nossa pocilga em banheira de água quente, os porcos em pôneis de Shetland e as bolotas em lagostas. Não existe nenhuma verdadeira alternativa para o arrependimento.

Se não nos arrependermos, cairemos na amargura. E se não nos confessarmos, projetaremos a nossa culpa nos outros. Culparemos as nossas vítimas. Culparemos os nossos pais. Culparemos o governo. Culparemos o nosso chefe ou o conselho de administração. Culparemos a nossa hereditariedade. Mas tudo isso é uma fuga. Na verdade, a quem culpamos? Para lá da hereditariedade ou do ambiente, só se encontra Deus. E se não confessarmos os nossos pecados, acabaremos, como Adão, por atribuir a culpa a Deus.

O anseio do seu coração

Se não confessarmos os nossos pecados, se não tivermos uma vida penitente, sempre acharemos que a vida é uma batalha perdida. Nunca veremos com clareza a nossa história, porque a narrativa estará obscurecida pelas nossas desculpas e acusações. Nunca disporemos de algo semelhante a uma visão bíblica universal e, portanto, nunca veremos o mundo tal como é, mas como o lugar obscuro em que se converteu para Adão e Caim, ou na ração em que se converteu para os israelitas rebeldes e mundanos.

Passamos muito tempo da nossa vida apresentando a Deus a lista dos nossos desejos. Isso não é mau, mas a penitência leva-nos por um caminho melhor. Graças aos nossos atos de penitência, Deus muda os nossos desejos, de modo a não desejarmos o que reclamamos, mas o que precisamos *realmente* para alcançar a eternidade e compartilhar a natureza divina.

Estes atos penitentes obter-nos-ão esse coração novo de que precisamos. E a confissão sacramental abençoa, completa e multiplica o poder da nossa penitência diária, de maneira a que, com as palavras finais do ritual deste sacramento, "... as tuas boas obras e a tua paciência na adversidade sirvam de remédio para os teus pecados, aumento de graça e prêmio da vida eterna".
"*Vai em paz*"[4].

---

4 Bênção final do rito do sacramento da Penitência.

XIII
A porta aberta

Se Jesus não nos tivesse deixado o sacramento da penitência, provavelmente tê-lo-íamos inventado nós mesmos, porque Deus nos criou com uma necessidade que só a confissão pode satisfazer.

Os que experimentam o consolo de confessar os seus pecados tendem a agarrar-se tenazmente a esse consolo. Lutero, o reformador protestante, procurou prescindir de todos os sacramentos, exceto o Batismo e a Eucaristia, mas deixou-se persuadir pelo seu instinto "e acrescentou a esses dois o sacramento da penitência". E explicava: "É indubitável que a confissão dos pecados é necessária e está de acordo com os preceitos divinos [...]. Tal como se guarda hoje o sigilo da confissão [..], é para mim uma prática extremamente satisfatória. Não desejaria que terminasse, antes me alegro de que exista na Igreja de Cristo, por ser um remédio excepcional para as consciências aflitas"[1]. Ainda hoje o *Livro Luterano de Culto* inclui um ritual para a confissão auricular.

Os que descobrem a confissão na idade adulta acham-na irresistível. O apologista protestante C. S. Lewis sentia o seu atrativo, mas teve que vencer um preconceito profundamente arraigado contra umas práticas que lhe "cheiravam a Roma". Em 1940, resolveu aderir a essa prática, mas admitiu que "foi a decisão mais dura

---

[1] "The Pagan Servitude of the Church", em J. Dillenberger (ed.), *Martin Luther: Selection from his Writings*, Nova York, Doubleday, 1961, pp. 319, 357.

que tomou em toda a sua vida"[2]. Depois confessava-se periodicamente com um monge anglicano.

Lutero manteve-se fiel à confissão, mesmo depois de ter abandonado a Igreja Católica. Lewis procurava-a fora da Igreja Católica.

No entanto, há protestantes que não conheceram a prática das Igrejas quando crianças, nem descobriram nela um caminho positivo quando adultos, e agora reinventam a roda penitencial, vareta por vareta.

Contas que acertar

Em 1979, fazia eu o primeiro ano de estudos de teologia num prestigioso seminário evangélico protestante. Minha esposa, Kimberly, e eu estávamos recém-casados, e ambos desejávamos dedicar-nos a uma vida de serviço no ministério presbiteriano.

Eu saboreava essa perspectiva. Gostava dos meus estudos. Sentia-me forte na fé.

Mas alguma coisa atormentava a minha consciência. Era a conta que devia pelos meus dez anos de delinquência. Quantas centenas de dólares custava o álbum de discos que tinha roubado antes da minha conversão ao cristianismo? A pergunta torturava-me. Li o capítulo 22 do Êxodo que manda restituir o dobro e o quádruplo por furto, e cortou-me o coração — culpado (Ex 22, 1; Lc 19, 1-10).

Senti-me um hipócrita: estudava teologia, dava testemunho do Evangelho, preparava-me para o sacerdócio, e não me tinha comportado retamente com aqueles a

---

[2] R. L. Green and Walter Hooper, *C. S. Lewis: A Biography*, Nova York, Harcourt, Brace, Jovanovich, 1974, p. 198.

quem tinha lesado. É verdade que tinha confessado o meu pecado a Deus no meu interior, e tinha pedido perdão aos meus pais, mas sabia que devia fazer alguma coisa mais.

Depois de muito rezar, falei do assunto com Kimberly e, embora andássemos apertados de dinheiro, a minha mulher esteve de acordo comigo em restituir o quádruplo ao shopping que eu tinha prejudicado.

Espremi a memória procurando recordar cada circunstância do furto, onde fora e quanto tinha roubado. Fiz um cálculo bastante exato e achei o nome de vários estabelecimentos. Com um grande suspiro, comecei a telefonar-lhes.

Recebi umas respostas variadas e curiosas. Dois ou três estabelecimentos limitaram-se a ouvir o meu pedido de perdão: o seu sistema de contabilidade não lhes permitia aceitar um pagamento tão atrasado de uma mercadoria perdida há tanto tempo. Mas o empregado de um dos shoppings mostrou-se disposto a aceitar a minha oferta. Disse-me que tinham recebido muitas outras contribuições de "cristãos nascidos de novo" e que as tinham contabilizado no item "fundos de restituição".

Fiz o meu esforço mais valente e paguei com alegria até o último centavo das minhas poupanças. Chegava o Natal e Kimberly e eu não tínhamos dinheiro para presentes. Mas não importava. Fizemos uns engenhosos presentes pessoais compostos com o que tínhamos à mão, mas muitos membros da nossa família disseram-nos que eram os melhores que tinham recebido, e ainda hoje continuam a apreciá-los.

Pela primeira vez desde havia muitos anos, senti-me completamente limpo, leve como uma pena e sereno como o céu. Eu não o sabia naquele momento, mas a alegria que experimentei era a alegria de confessar os meus pecados, arrepender-me e cumprir a penitência.

A restituição pode ser libertadora e algumas vezes necessária (cf. *Catecismo*, n. 2412). Mas a Igreja não mantém estritamente as leis mosaicas neste aspecto. Não se exige de todos que se peça perdão pessoalmente por cada pecado da vida passada. Não há dúvida de que, no caso de certos pecados (os sexuais, por exemplo), a tentativa de qualquer espécie de contacto ou de restituição poderia ser desastrosa.

O que a Igreja faz é dar-nos o tempo e o lugar nos quais possamos descarregar a nossa alma e receber o conselho e a graça necessária para fazer o que é de justiça.

Levá-la para casa

A nossa experiência da misericórdia no confessionário não serve de nada se não se reflete na nossa vida quotidiana. Lembremo-nos das palavras de Jesus: *Sede misericordiosos como o vosso Pai é misericordioso* (Lc 6, 36). Jesus insistiu neste ponto ao acrescentar que a medida da misericórdia que recebemos depende da que tivermos dispensado aos outros: *Porque, do mesmo modo que julgardes, sereis também vós julgados, e, com a medida com que tiverdes medido, também vós sereis medidos* (Mt 7, 2). São Tiago chega a uma conclusão de dar calafrios: *Haverá juízo sem misericórdia para aquele que não tiver usado de misericórdia* (Tg 2, 13).

Deus instituiu um caminho para que procuremos e recebamos clemência. É um caminho sacramental: espiritual, mas material; celestial, mas terrenal. Também nós temos de encontrar caminhos — concretos, específicos — que nos façam levar a misericórdia às nossas casas, aos nossos lugares de trabalho e à nossa vizinhança. Não podemos alcançar a misericórdia de Deus para nós sem que nós também a ofereçamos aos outros.

Há mil maneiras de fazê-lo imitando o amor de Deus em pormenores da nossa vida. Em minha casa, adotamos o costume do "dia jubilar". No fundo, é uma ideia antiga, que vem do Antigo Testamento. No antigo Israel, celebrava-se a cada cinquenta anos um ano jubilar (Lv 25, 8-55), durante o qual as dívidas ficavam perdoadas, os escravos ficavam livres e as pessoas retomavam as terras herdadas. Era um período de restauração da família e de reconciliação entre as gerações[3].

Lembro-me de tudo isto quando percebo que há alguma coisa que não anda bem no nosso lar. Se não consigo que os meus filhos vão confessar-se, às vezes anuncio um jubileu familiar, o momento em que qualquer deles possa confessar uma falta ou um pecado sem receio de ser castigado.

Surpreendem-me continuamente as mudanças que, graças a este costume, se deram na nossa vida familiar e na vida de cada filho. Em alguns casos, permitiram progressos importantes. A lição que trouxe para a nossa casa — a lição que eu aprendo cada vez que me confesso — é que o que importa é a boa relação, e não fazer todas as coisas exatamente como mandam as regras.

Deus foi generosamente misericordioso conosco. Na Antiga Aliança, o jubileu tinha lugar cada meio século. Tinha muita sorte quem chegasse a ver um. Na Nova

---

[3] Cf. R. North, *Sociology of the Biblical Jubilee*, Roma, Pontifício Instituto Bíblico, 1954; idem, *The Biblical Jubilee... After Fifty Years*, Roma, Imprensa do Instituto Bíblico, 2000.

Aliança, o jubileu tem lugar com a frequência com que desejemos receber o sacramento.

A misericórdia de Deus é abundante. Não é meramente uma suspensão da justiça: é uma paciência paternal que nos ajuda a alcançar aos poucos a santidade, porque somos filhos dEle. Vendo como Deus usa de misericórdia na sua família, deveríamos estar dispostos a imitar a sua misericórdia nas nossas.

Disse São Leão Magno: "A misericórdia deseja que sejas misericordioso. A justiça deseja que sejas justo. Do mesmo modo, o Criador deseja ver-se refletido na sua criatura, e Deus deseja que a sua imagem se reproduza no espelho do coração humano"[4].

Baixa frequência

Tenho de admitir que comecei este livro com temor. No país em que vivo, o sacramento da reconciliação caiu em desuso. Em algumas paróquias, fixou-se em meia hora semanal o tempo destinado a atender confissões. Em outras, é necessário marcar hora. Os sacerdotes dizem que há pouca procura. E provavelmente isso não os surpreende. Segundo um estudo recente, quase a metade *deles mesmos* só se confessa "uma ou duas vezes por ano", "raramente" ou "nunca".

---

4   São Leão Magno, Homilia 95. 7. Cf. Encíclica de João Paulo II, *Dives in misericordia*, 30-11-1980, III, 4: "Deste modo, a misericórdia contrapõe-se em certo sentido à justiça divina e revela-se numa multidão de casos não só mais poderosa, mas também mais profunda que ela. Já o Antigo Testamento ensinava que, embora a justiça seja uma autêntica virtude no homem, e em Deus signifique a perfeição transcendente, no entanto, o amor é «maior» que ela; é superior no sentido de que é primário e fundamental. O amor, por assim dizer, condiciona a justiça e, em última análise, a justiça é servidora da caridade. A primazia e a superioridade do amor em relação à justiça (o que é característico de toda a Revelação) manifestam-se precisamente por meio da *misericórdia*".

No entanto, o mundo nunca teve tanta necessidade deste sacramento. Não podemos viver sem ele, por mais substitutivos que procuremos. Há quem trate de escapar dos seus pecados recorrendo às drogas ou a outras dependências; há quem procure consolo em conselheiros ou em diversas terapias. Todos esses meios podem ajudar a mascarar os sintomas, mas nenhum é capaz de curar a doença. Só a confissão dos nossos pecados pode conseguir que o Cordeiro de Deus no-la apague.

Temos necessidade da confissão. O desejo de misericórdia que consumiu inumeráveis santos canonizados não diminuiu em nada. Pelo contrário, cresceu com maior força, porque vivemos tempos de angústia, em que são muitos os que se sentem retidos fora do lar familiar, da casa de seu Pai-Deus. E para os que desejam recuperar o calor do coração e a mesa, a chave é a confissão. Melhor ainda, o confessionário é a porta de acesso à única casa que sempre nos satisfará.

Assim o disse o próprio Jesus: *Eu sou a porta; se alguém entrar por mim, salvar-se-á* (Jo 10, 9). É uma afirmação simples, mas implica um enorme caudal de clemência, porque todos somos pecadores e, como vimos que diz a Bíblia, o melhor de nós cai sete vezes por dia!

O poder curativo da misericórdia

Jesus é infinitamente misericordioso e distribui infinitamente a sua misericórdia através da sua Igreja no sacramento da confissão.

A confissão é o meio para chegarmos a um conhecimento mais profundo de nós mesmos, de como somos na realidade: isto é, de como Deus nos vê.

Protege-nos de vivermos enganados sobre o mundo, sobre o nosso lugar nele e sobre a história das nossas vidas. Traz à luz clara da manhã do dia eterno os obscuros recantos da nossa alma para que nos vejamos à luz do olhar de Deus.

Através dela, começamos a curar-nos, a endireitar a nossa história. Atravessamos a porta aberta da casa onde recuperaremos o nosso lugar na família de Deus. Começamos a conhecer a paz.

Repito: não é uma solução rápida, mas é o caminho para uma cura segura. Teremos de ir ao sacramento, de ir de novo e voltar a ir continuamente, porque a vida é uma maratona, não uma corrida de cem metros. Com frequência desejaremos parar, mas, tal como um corredor de fundo, teremos de insistir a fim de recuperarmos o fôlego uma segunda vez, uma terceira e uma quarta. Neste caso, contamos com o vento que sopra, porque é o "sopro" do Espírito Santo.

Quando falo da constante necessidade da confissão, falo com conhecimento de causa. Sou um pecador inveterado, mas sou também alguém que encontrou o seu caminho para ajoelhar-se uma e outra vez diante do trono da misericórdia de Deus e ser curado.

Apêndices

Termino este livro com uma oração pelos meus leitores. E também com algumas perguntas que sirvam de guia para o exame de consciência, além do rito do sacramento e algumas orações. Têm sido úteis para mim, para a minha família e para os meus amigos. Peço a Deus que também ajudem os que me lerem.

Apêndice A: Rito breve do Sacramento da Penitência

O penitente diz a saudação habitual:
Louvado seja Nosso Senhor Jesus Cristo *ou* Abençoai-me, padre, porque pequei.
O sacerdote diz:
O Senhor esteja em teu coração para que, arrependido, confesses os teus pecados.
O sacerdote ou o penitente pode ler ou dizer de cor algumas palavras da Sagrada Escritura sobre a misericórdia de Deus e o arrependimento; por exemplo:
Senhor, Tu sabes tudo; Tu sabes que eu te amo (Jo 21, 17).
O penitente acusa-se dos seus pecados.
O sacerdote dá os conselhos oportunos e impõe a penitência.
O sacerdote convida o penitente a manifestar a contrição. O penitente pode dizer, por exemplo:
Senhor Jesus, Filho de Deus, tende piedade de mim, que sou um pecador.
O sacerdote dá a absolvição, estendendo as duas mãos ou a direita sobre a cabeça do penitente:

Deus, Pai de misericórdia, que, pela morte e ressurreição do seu Filho, reconciliou o mundo consigo e enviou o Espírito Santo para remissão dos pecados, te conceda, pelo ministério da Igreja, o perdão e a paz.

E EU TE ABSOLVO DOS TEUS PECADOS, EM NOME DO PAI, E DO FILHO † E DO ESPÍRITO SANTO.

O penitente responde:
Amém.

O sacerdote prossegue:
A paixão de Nosso Senhor Jesus Cristo, a intercessão da Virgem Maria e de todos os santos, as tuas boas obras e a tua paciência na adversidade, sirvam de remédio para os teus pecados, aumento de graça e prêmio da vida eterna. Vai em paz.

Apêndice B: Orações

Ato de contrição

Senhor meu Jesus Cristo, Deus e homem verdadeiro, Criador e Redentor meu, por serdes Vós quem sois, sumamente bom e digno de ser amado sobre todas as coisas, e porque Vos amo e estimo, pesa-me, Senhor, de todo o meu coração, de Vos ter ofendido; pesa-me, também, de ter perdido o Céu e merecido o Inferno; e proponho-me firmemente, ajudado com o auxílio da vossa divina graça, emendar-me e nunca mais Vos tornar a ofender. Espero alcançar o perdão de minhas culpas pela vossa infinita misericórdia. Amém.

Oração para antes da confissão

Meu Senhor e meu Deus! Dai-me luz para conhecer os meus pecados, as causas deles e os meios de os evitar. Dai-me a fortaleza de os confessar com toda a fidelidade e verdade, para merecer agora o vosso perdão e a graça da perseverança final. Por Jesus Cristo Senhor nosso. Amém.

Oração de agradecimento pela Confissão

Ó bondade, ó misericórdia infinita do meu Deus! Graças Vos rendo por me haverdes perdoado os meus pecados, e de novo os detesto de todo o meu coração.

Concedei-me a graça, meu Salvador, pela virtude do Sacramento da Penitência que acabo de receber, de não recair nestes pecados, e de levar de hoje em diante uma vida toda nova, sempre assistido pela vossa graça e perseverando no vosso amor até a hora da minha morte. Amém.

Salmo 50 (51)

1. Tende piedade de mim, ó Deus, por vossa bondade! Por vossa grande compaixão, apagai os meus delitos!
2. Lavai-me por completo da minha iniquidade e purificai-me do meu pecado!
3. Pois reconheço os meus delitos e tenho sempre presente o meu pecado.
4. Contra Vós, só contra Vós pequei, pratiquei o mal diante dos vossos olhos.

Sereis considerado justo na sentença, incontestável no julgamento.

5. Eis que nasci em iniquidade, em pecado minha mãe me concebeu.
6. Eis a verdade! Vós a amais no fundo do coração: ensinai-me, pois, no íntimo a sabedoria!

7. Purificai-me com o hissope, e ficarei limpo! Lavai-me, e ficarei mais branco que a neve!

8. Fazei-me sentir gozo e alegria, e exultem os ossos que esmagastes!

9. Desviai a vossa face de meus pecados e apagai todas as minhas faltas!

10. Ó Deus, criai em mim um coração puro e suscitai em meu peito um espírito resoluto!

11. Não me rejeiteis da vossa presença nem retireis de mim o vosso santo espírito!

12. Concedei-me o gozo da vossa salvação e um espírito generoso que me ampare!

13. Ensinarei aos ímpios os vossos caminhos, e para Vós voltarão os pecadores.

14. Livrai-me da pena de sangue, ó Deus, meu Deus salvador, e a minha língua aclamará a vossa justiça.

15. Abri, Senhor, os meus lábios e a minha boca proclamará o vosso louvor.

16. Não quereis que Vos ofereça um sacrifício, nem aceitaríeis um holocausto.

17. Em vez de sacrifícios, ó Deus, um espírito contrito, sim, um coração contrito e humilhado Vós, ó Deus, não rejeitais.

18. Em vossa benevolência, favorecei Sião e reconstruí os muros de Jerusalém!

19. Então aceitareis os sacrifícios prescritos: holocaustos e oferendas completas, como também novilhos, imolados sobre o vosso altar.

Salmo 142 (143)

1. Escutai, Senhor, a minha oração, prestai ouvidos à minha súplica, por vossa fidelidade e justiça, respondei-me!

2. Não citeis perante o tribunal o vosso servo, porque, diante de Vós, nenhum ser vivo é justo!

3. O inimigo persegue a minha alma, calca por terra a minha vida; relega-me às trevas, como os que há muito já morreram.

4. Falta-me o alento, dentro de mim falha o coração.

5. Lembro-me dos dias de outrora, medito em todas as vossas ações, reflito sobre as obras das vossas mãos.

6. Estendo para Vós as mãos, de Vós a minha alma está sedenta como a terra seca.

7. Apressai-vos, Senhor, em responder-me, pois o meu alento se extingue! Não me escondais a vossa face, senão serei igual aos que descem ao fosso.

8. Fazei-me sentir, pela manhã, a vossa misericórdia, pois confio em Vós. Mostrai-me o caminho que devo seguir, pois a Vós me dirijo.

9. Livrai-me, Senhor, dos inimigos, pois em Vós me refugio.

10. Ensinai-me a cumprir a vossa vontade, pois Vós sois o meu Deus. Vosso bom espírito me guie, por terra aplanada!

11. Por vosso nome, Senhor, conservai-me a vida! Por vossa justiça, tirai a minha alma da angústia!

12. Por vossa lealdade, destruí os meus inimigos e exterminai todos os que me perseguem, porque sou vosso servo!

APÊNDICE C: EXAME DE CONSCIÊNCIA

As perguntas a seguir foram tiradas do livro *Orações do Cristão* (8ª edição, Quadrante, São Paulo, 2001). O leitor pode usá-las no exame de consciência antes da confissão ou preparar um guia próprio. O importante é fazer o possível para lembrar-se de todos os pecados cometidos, perguntando-se, com calma e na presença de Deus, quais e quantas foram as vezes em que você agiu, com conhecimento e consentimento plenos, contra um dos mandamentos de Deus.

A Confissão precedente

* Há quanto tempo me confessei pela última vez? Deixei algum pecado grave por confessar? Cumpri a penitência?

Primeiro Mandamento da Lei de Deus

* Tenho posto em dúvida ou negado deliberadamente alguma verdade de fé?
* Desesperei da minha salvação ou abusei da confiança em Deus, presumindo que Ele não me abandonaria, para pecar com maior tranquilidade?
* Murmurei externa ou internamente contra o Senhor, quando me aconteceu algo desagradável?
* Abandonei os meios necessários para a salvação: a oração, os sacramentos etc.?
* Falei sem respeito das coisas santas, da Igreja e dos seus sacerdotes, e dos Sacramentos?
* Pratiquei atos de superstição ou espiritismo?
* Recebi indignamente algum Sacramento?
* Li livros, revistas ou jornais que vão contra a fé? Dei-os a ler a outras pessoas?
* Frequentei ou pertenço a alguma associação contrária à religião?
* Deixei-me levar pela vergonha quando foi necessário confessar a fé diante dos outros?

* Esforço-me por adquirir uma cultura religiosa que me permita ser testemunha de Cristo com o exemplo e com a palavra?

Segundo Mandamento da Lei de Deus

* Blasfemei ou disse palavras injuriosas contra Deus, cóntra os Santos ou contra as coisas santas? Diante de outras pessoas?
* Fiz algum voto, promessa ou juramento, e deixei de cumpri-lo por minha culpa?
* Jurei sem necessidade? Jurei fazer alguma coisa injusta ou ilícita? Fiz um juramento falso? Reparei os prejuízos que daí tenham podido advir?

Terceiro Mandamento da Lei de Deus
e Primeiro a Quarto da Igreja

* Faltei à Missa num domingo ou festa de guarda sem motivo suficiente? Distraí-me voluntariamente durante a Missa ou cheguei tão tarde que não cumpri o preceito?
* Trabalhei nesses dias corporalmente (ou mandei trabalhar os outros) sem necessidade grave, durante um intervalo de tempo considerável?
* Impedi que alguém que dependesse de mim assistisse à Santa Missa?
* Guardei jejum e abstinência nos dias preceituados pela Igreja Católica?
* Cumpri o preceito de confessar os pecados mortais pelo menos uma vez ao ano?
* Tive em conta que só se pode receber a absolvição coletiva nos casos de emergência em que a Igreja

o permite? Se, num desses casos, recebi a absolvição coletiva, cumpri com a obrigação de confessar individualmente a um sacerdote todos os pecados mortais que naquela ocasião não pude confessar?
* Calei na Confissão, por vergonha, algum pecado grave? E depois disso comunguei alguma vez?
* Recebi a Sagrada Comunhão no tempo estabelecido para cumprir com o preceito pascal? Confessei-me para fazê-lo em estado de graça?
* Guardei a disposição do jejum eucarístico, uma hora antes do momento da Comunhão?

Quarto Mandamento da Lei de Deus.
Filhos

* Desobedeci aos meus pais e legítimos superiores em coisas importantes?
* Tenho uma preocupação desordenada de independência, que me leva a receber mal as indicações dos meus pais?
* Maltratei ou ameacei os meus pais com palavras ou ações, ou desejei-lhes algum mal?
* Deixo-me dominar pelo mau gênio com frequência e sem motivos justificados?
* Briguei com os meus irmãos? Deixei de falar-lhes e de reconciliar-me com eles?
* Dei mau exemplo aos meus irmãos? Senti inveja se se destacaram mais do que eu em algum aspecto?
* Fui preguiçoso no estudo, esquecido da responsabilidade que me cabe perante o esforço dos meus pais pela minha formação?

Quarto Mandamento da Lei de Deus. Pais

* Dei mau exemplo aos meus filhos ou subordinados, não cumprindo os meus deveres religiosos, familiares, sociais ou profissionais?
* Deixei de corrigir com firmeza e prontidão os defeitos dos meus filhos? Ameacei-os ou maltratei-os com palavras e obras ou desejei-lhes algum mal?
* Corrijo sempre os meus filhos com justiça e por amor, ou deixo-me levar por motivos egoístas ou de vaidade pessoal, porque me fazem ficar mal diante dos outros, porque interrompem o meu descanso etc.?
* Desleixei a minha obrigação de ajudar os filhos a cumprir os seus deveres religiosos?
* Abusei da minha autoridade, obrigando-os a receber os Sacramentos, não reparando que poderiam fazê-lo sem as disposições convenientes, por vergonha ou respeitos humanos?
* Sou inconstante na preocupação pela sua formação religiosa?
* Permito que trabalhem, estudem ou descansem em lugares onde pode haver perigo para a sua alma ou para o seu corpo? Descurei a vigilância natural nas reuniões de rapazes e moças que se realizam na minha casa, deixando-os sozinhos? Sou imprudente na orientação dos seus divertimentos?
* Tolerei escândalos ou perigos morais e físicos entre pessoas que vivem na minha casa?
* Criei conflitos com os filhos, dando excessiva importância a coisas que se podem vencer com tempo e bom humor? Ou antes soube fazer-me amigo dos meus filhos?

* Fui pouco amável na vida de família?
* Zanguei-me com a minha mulher (ou com o meu marido)? Tratei-a(o) mal, com palavras ou com obras? Diminuí a sua autoridade, repreendendo-a(o), contradizendo-a(o) ou discutindo com ela(ele) diante dos filhos?
* Descuidei a fé na Providência divina? Ao mesmo tempo, desinteressei-me de ganhar o suficiente para poder ter ou educar mais filhos?
* Deixei de ajudar, dentro das minhas possibilidades, os meus familiares nas suas necessidades espirituais ou materiais?

Quinto Mandamento da Lei de Deus

* Tenho inimizade, ódio ou rancor contra alguém?
* Deixei de falar com alguém e neguei-me à reconciliação, ou não faço o possível por consegui-la?
* Alimento antipatias ou ódios pessoais por diferenças de opinião em matérias políticas ou profissionais?
* Fiz ou desejei um mal grave a alguém? Alegrei-me com as desgraças alheias?
* Zombei dos outros, tive inveja deles, critiquei-os, incomodei-os ou fiz pouco deles?
* Deixei-me levar pela ira, magoando ou humilhando os outros?
* Maltratei os outros com palavras ou ações? Peço coisas com maus modos, faltando à caridade?
* Cheguei a ferir ou tirar a vida do próximo? Fui imprudente na condução de veículos?
* Aconselhei a alguém a prática do aborto, ou colaborei, com qualquer tipo de ajuda, na mesma?

* Desleixei a minha saúde? Atentei contra a minha vida?
* Embriaguei-me, comi ou bebi em excesso, ou tomei drogas?
* Desejei morrer, sem me submeter à Divina Providência?
* Desinteressei-me do bem do meu próximo, deixando de adverti-lo de algum grave perigo material ou espiritual em que se encontrava, ou de corrigi-lo como exige a caridade cristã?
* Descurei o meu trabalho, faltando à justiça em coisas importantes? Estou disposto a reparar o prejuízo que daí tenha podido resultar?
* Abusei da confiança dos meus superiores? Prejudiquei os meus superiores, subordinados ou colegas, causando-lhes um dano grave?
* Tolerei abusos ou injustiças que tinha obrigação de impedir?
* Deixei que, pela minha preguiça, se produzissem prejuízos no meu trabalho? Descurei o meu rendimento em coisas importantes, prejudicando com isso as pessoas para quem trabalho?

Sexto e Nono Mandamento da Lei de Deus

* Entretive-me com pensamentos ou recordações desonestas?
* Alimentei maus desejos contra a virtude da castidade, embora não os tenha posto em prática? Havia alguma circunstância na pessoa a quem se dirigiam (parentesco, matrimônio, consagração a Deus etc.) que os tornasse mais graves?
* Tive conversas imorais? Fui eu quem as começou?

* Assisti a diversões que me colocaram em ocasião próxima de pecar? Tenho em conta que expor-me a essas ocasiões já é pecado?
* Deixei de informar-me sobre a classificação moral de espetáculos, filmes, ou revistas e livros, antes de assistir a eles ou de lê-los, para evitar a ocasião próxima de pecado ou o perigo de deformação da consciência?
* Descuido os pormenores de modéstia e pudor, que são garantia da castidade?
* Entretive-me com olhares impuros ou aceitei sensações impuras?
* Cometi alguma ação impura? Quantas vezes? Sozinho ou com outra pessoa? Do mesmo sexo ou do oposto? Havia alguma circunstância de parentesco etc., que a tornasse especialmente grave? Essas relações tiveram alguma consequência? Fiz alguma coisa para a impedir depois de se ter formado uma nova vida?
* Tenho amizades que são uma ocasião habitual de pecado? Estou disposto a pôr fim a elas?
* Se estou namorando, o namoro me leva a afastar-me de Deus, ou antes aproximo-me com mais frequência dos sacramentos da Penitência e da Eucaristia, para ter mais graça de Deus?

Esposos

* Usei do matrimônio indevidamente? Neguei ao meu cônjuge os seus direitos? Faltei à fidelidade conjugal por pensamentos ou ações?
* Usei do matrimônio somente nos dias em que sei que não pode haver descendência, não havendo razões graves para isso?

* Tomei remédios para evitar os filhos? Aconselhei os outros a tomá-los?
* Usei outros métodos antinaturais, ou fiz alguma operação para evitar filhos?
* Influí de algum modo nos outros — com conselhos, piadas, atitudes etc. — para criar um clima antinatalista?

S̲é̲t̲i̲m̲o̲ e D̲e̲c̲i̲m̲o̲ M̲a̲n̲d̲a̲m̲e̲n̲t̲o̲ d̲a̲ L̲e̲i̲ d̲e̲ D̲e̲u̲s̲.
Q̲u̲i̲n̲t̲o̲ d̲a̲ I̲g̲r̲e̲j̲a̲

* Roubei algum objeto ou alguma quantia em dinheiro? Reparei os prejuízos causados ou restituí as coisas roubadas, na medida das minhas possibilidades?
* Ajudei alguém a roubar? Havia alguma circunstância agravante, como por exemplo tratar-se de um objeto sagrado? A quantia ou valor das coisas roubadas era importante?
* Retenho o alheio contra a vontade do seu dono?
* Prejudiquei alguém com enganos, coações etc. nos contratos ou relações comerciais? Reparei o prejuízo causado ou tenho intenção de fazê-lo?
* Caí no vício do jogo, pondo em risco ou prejudicando a economia familiar?
* Deixei de cumprir devidamente as obrigações do meu trabalho, que justificam o ordenado ou o salário que recebo?
* Deixei de prestar à Igreja a ajuda conveniente? Dei esmolas de acordo com a minha posição econômica?
* Defraudei a minha mulher (o meu marido) nos seus bens?
* Retenho ou atraso indevidamente o pagamento dos salários ou dos ordenados que me incumbe pagar?

* Retribuí injustamente o trabalho dos outros?
* Deixei-me levar pelo favoritismo ou distinção de pessoas, faltando à justiça, no desempenho dos cargos ou funções públicas?
* Deixei de cumprir com exatidão os meus deveres sociais; por exemplo, o pagamento dos seguros sociais dos meus empregados etc.?
* Deixei de pagar os impostos que são de justiça?
* Fui omisso em procurar evitar, na medida das minhas possibilidades, as injustiças, subornos, escândalos, roubos, vinganças, fraudes e outros abusos que prejudicam a convivência social?
* Dei o meu apoio a programas de ação social e política imorais ou anticristãos?

Oitavo Mandamento da Lei de Deus

* Disse mentiras? Reparei os prejuízos que as minhas mentiras tenham podido causar? Minto habitualmente com a desculpa de que se trata de coisas de pouca importância?
* Revelei sem motivo justo graves defeitos alheios que, embora certos, não eram conhecidos? Reparei de algum modo os prejuízos assim causados; por exemplo, falando depois dos aspectos positivos dessa pessoa?
* Caluniei ou deixei caluniar, atribuindo ao próximo defeitos que não eram verdadeiros? Já reparei os males causados ou estou disposto a fazê-lo?
* Revelei segredos importantes dos outros, descobrindo-os sem justa causa? Reparei o prejuízo que daí resultou?
* Falei mal dos outros por frivolidade, inveja ou por ter-me deixado levar pelo temperamento?

* Disse mal dos outros — pessoas ou instituições — baseando-me apenas em boatos? Quer dizer, cooperei desse modo com a calúnia e a murmuração?
* Tenho presente que a diversidade de opiniões políticas, profissionais ou ideológicas, não deve ofuscar-me a ponto de julgar ou falar mal do próximo, e que essas divergências não são motivo para manifestar os seus defeitos morais, exceto se o bem comum assim o exigir?

Direção geral

Renata Ferlin Sugai

Direção editorial

Hugo Langone

Produção editorial

Juliana Amato

Gabriela Haeitmann

Ronaldo Vasconcelos

Roberto Martins

Capa

Gabriela Haeitmann

Diagramação

Sérgio Ramalho

ESTE LIVRO ACABOU DE SE IMPRIMIR
A 20 DE JUNHO DE 2025,
EM PAPEL PÓLEN NATURAL 70 g/m².